安岡正篤

王陽明

【その人と思想】

WANG YANGMING

Yasuoka Masahiro

致知出版社

陽明学とは……単なる知識・議論の学ではありません。
最も大事なことは、身心の学問、
われわれの身、われわれの心をいかに修めるか、
根本の学「身心の学」というべき活学なのであります。

陽明学はまた同時に「従吾の学」と言われております。
孔子も、「吾が好む所に従わん」（『論語』述而篇）と言うておるが、
学問が自分の最も好むところにならなければならぬ。
学問が好きでならない、こうならなければ本当の学問ではない、
これがまた非常に発達した思索であります。

われわれの学問は「身心の学問」であり、
結局、辛いとか厳しいとか言うのではなくて好むところとなって、
身心の学は、言い換えれば「従吾の学」ということになる。
この辺りに、陽明学の何とも言えない良さがあるわけです。

安岡正篤

王陽明　その人と思想＊目次

第一章　生誕の秘話と青年時代

第二章　「五溺」と発病求道

装幀――川上成夫
カバー写真――PIXTA
編集協力――柏木孝之

第一章——生誕の秘話と青年時代

陽明研究で結ばれた縁尋の機妙

私が「陽明学」という言葉を、生まれて初めて知りましたのは、まだ小学校の幼少のころであります。当時、生駒《いこま》山の麓《ふもと》にある滝寺《たきでら》に隠栖《いんせい》されていた岡村閑翁《かんおう》先生（明治維新直後には柳生《やぎゅう》藩の権大参事《ごんのだいさんじ》を勤められた。一八二七～一九一九）がおいでになりまして、私の実兄・堀田真快《しんかい》（高野山金剛峯寺《こんごうぶじ》の管長）も教えを受けておりました。この岡村先生が陽明学というものの大家であられるということを知り、世の中に陽明学というものがあるのか、陽明学とはいったい何だろうかと、子供心に感じました。もとより何もわかろうはずがありません。が、ただこの言葉は、何故か非常に深く脳裏に留まりまして、今日の私の存在の何か一つの大きな道標になったと思われるのであります。

先年（一九六八〈昭和四十三〉年）の十二月、その岡村先生が学を講ぜられました生駒の地に講学処の記念碑が建つことになりました。計《はか》らずも土地の人々から、先生のご在世当時、小学校の幼稚な子供でありました私に、碑文を書けということで、それこそ文字通り不思議のご縁で、私は謹んで碑文を草し、また拙《つたな》い字でこれを書しました。立派にその碑が建ちまして、除幕式にはまた兄とともに参列したのでありますが、このときも、実に人間というもの、人生というものの不可思議をしみじみと、また限りなく考えさせられたのであります。

そしてまた、今日、全国各地の師友会、藤樹書院、大塩中斎遺徳顕彰会、成人教学研修所などにより、王陽明生誕五百年祭の式典と講演が行われることになりました。文字通り感慨無量なるものを覚えて、またこの人間というもの、人生というものの神秘さに、いよいよもって感を深うしておる次第であります。

私が、この岡村閑翁先生の教えを受けた土地を去って第一高等学校に入りましたときは、まさに第一次世界大戦の最中でありました。田舎の中学から出てきたばかりの素朴な少年が、初めて西洋の学問に触れ、しばらくの間は、論理学だ、心理学だ、倫理学だとか、あるいはまた法学だ、経済学だというものに現《うつつ》を抜かして、夢中になって勉強しておりますうちに、しばしば精神的な飢えを感ずるようになりました。そういうときに期せずして、あるいは自ら計らずして、ほとんど偶然のように取り出したものが、常に少年時代に読んでいた国典、漢籍であったのであります。

そうしますするとどうでしょう。空腹のときに何かおいしいものを食べたような満足感を覚えました。いったいこれはどういうわけかと、しばしば考えたのでありまするが、それをはっきりと解決する力はありません。けれども、歳《とし》を追うとともにその感じが深刻になりました。次第に西洋の学問と東洋の教学との差違というものが少しずつわかるようになってまいるにつれて、真剣に中国や日本の先哲の学問・人物というものに、心を傾けるようになりました。そこでまた新たに、それこそ『大学』に書いてありまするように、自発的に陽明学とは何であるかということを考えました。

そして、中江藤樹先生をはじめ、有名な陽明学者というものを意識的に勉強しはじめましたが、何といってもその淵源《えんげん》は、まず王陽明先生でありまするから、王陽明の人と学というものを、青年の純真な気持ちで真剣に学びはじめました。これはやはり岡村閑翁先生のご縁というものが大きく活きたものであると信じております。

そうして、王陽明の人物・教学を真剣に研究しておりますうちに、私の生涯消えない感銘を深くして、東京帝国大学を卒業しますときに、自分の密《ひそ》かな学問の記念に「王陽明先生の伝」を起草しておきたいと考えて、一所懸命に何百枚かの原稿を書き上げました。ところが、これがまた人間の不思議な縁というもので、かねて私が知り合っておりました、いわゆる知己《ちき》の一人であります出版者がこれを読み、非常に感動して、これを一冊の書にして刊行しようと言ってくださいまして、『王陽明研究』となって、卒業と同時に出版されたのであります。

これがまた思いもかけず多くの人々に波及しまして、いまだにそれが続いております。つい先日もそういう話が出まして、思い出したことがあります。それは大学を出まして間もなくのことでした。この『王陽明研究』が縁で、私は当時の日本の海軍および心ある人々の畏敬《いけい》を一身に集めておられました八代六郎《やしろろくろう》将軍と相知ることができました。そのころ城山《じょうざん》・八代六郎将軍も海軍大臣を辞められて、たしか枢密《すうみつ》顧問官をしておいでになったかと思うのですが、一夜招かれて食事を共にいたしました。八代先生はさすがに非常に博学熱烈な人でありまして、談たまたま陽明学に触れました。

先生はもとより酒豪の中の酒豪として知られておりましたが、酒が進むうちに気持ち良さそうに滔々《とうとう》として陽明学の話をされます。私もおこぼれを頂戴しながら聴いておりまするうちに、先生もだんだん酒が回って話も豪快になってまいりました。若い私は緊張して聞いていたのですが、どうも私と考えとるところが違うところが出てきたものですから、若気の至りでちょっと釘を刺してしまったのであります。

「将軍、先程から承っておりましたが、ちょっと異存があります」

「どこが異存だ」

ということから、大変な議論になりました。たまたま私が手洗いに立ちましたら、奥さんが待っておられまして、

「今夜はもうお引き取りください、もう十二時を過ぎました。お酒の瓶も五本目が空きました。主人も若いときには一人で五升は平らげましたが、もう歳でございますから、今夜のところはお引き取り願います」

とおっしゃる。時計を見ましたら、たしかに十二時を過ぎておりました。

「これは、どうも恐縮いたしました」

座に戻って早々、

「えらい今夜は失礼しました、お暇《いとま》します」

と挨拶《あいさつ》しましたら、さぁ大変です。八代先生、睥睨《へいげい》一番、

「逃げるか」

ときた。私も、これはしたりとも思いましたが、奥さんがおっしゃりました。

「あなた何をおっしゃるの。もう十二時を過ぎたじゃありませんか。お酒も五升空いたんですよ」

さすがの将軍も辟易《へきえき》されたのでしょう。

「よし、一週間後を期して再び会おう」

ということになりまして別れました。その一週間後に八代先生が私の家に羽織袴《はかま》の姿で訪ねて来られて、

「ワシが間違っていた。これからは君の弟子になる」

と言われました。爾来《じらい》、八代将軍と日本海軍と私の一生の縁が結ばれたのであります。しかし、考えてみますと、これも実は王陽明先生、陽明学の取り持つ縁というものでありましょう。人間の縁というものの不思議なことは、とても計り知るべからざるものがございます。

たまたま、そういう縁が次第に広がりまして、これを専門的な言葉で申しますと、縁尋《えんじん》の機妙《きみょう》と申します。縁が尋ねて次第に発展していく。この縁尋の機妙、まさ

に計らざるべきものがございます。例えば、皆さんが、平生勉強していないで、古本屋へふとお入りになっても何も目につきません。しかし、何か本気になって勉強しておられると、本屋に入った拍子に、関連のある書物は、何千冊並んでいても必ず求めている書物がパッと目に映る。これもまた縁尋、縁が尋ねるというもので、自分が真剣にやっておれば、必ず求めるものは見つかるものであります。

人間でもそうであります。本当に事業をやろうと思って、誰か自分を助けてくれるものはいないか、真剣に人材を求めていれば、不思議にいつか必ず誰かにぶつかるものであります。一生友達を持たんなんていう人間は、よほどこれは鈍物であります。真剣に求め、真剣に生きておらん一つの証拠であります。

この五百年祭と同時に、期せずして、また『陽明学大系』が刊行されることになりました。これまた縁尋の一例でありまして、その第一巻の巻頭に序文と「王陽明の人と学」を私が書くことになりました。実に五十年ぶりに、私は再び陽明先生を伝することになろうとは、これも不思議な縁であります。

たまたま私は、明治神宮刊行の『明治天皇詔勅謹解』という大著の刊行会委員長を仰《おお》せつかり、大勢の学者と分担いたしまして、執筆されるものを丹念に読み、そしてまた序論を書かねばならず、それに心血を傾注しておりました。その間にあって、夜な夜な、あるいは夜疲れますと暁に起きて、王陽明先生伝をものしました。これまた、文字通り感慨無量であります。

うずたかい参考文献を渉猟《しょうりょう》しながら、次第に筆を進めまして、ついに最後の匪《ひ》賊《ぞく》討伐を完了して、もう心身ともに疲弊しつくした陽明先生が、凱旋《がいせん》の帰途、船の上で息を引き取ったところに至りました。

そのとき、地方官をしておりました周積《しゅうせき》という弟子が、

「何かおっしゃることがございませんか」

と言ったときに、陽明先生は、

「此の心光明亦《また》復《ま》た何をか言わん」

という、あの名言を遺して静かに瞑目《めいもく》されたのでありますが、そこに至って、私は何故か潸然《さんぜん》として、文字通り涙が下りました。ふと気がつくと、人間の心というものは不思議なものであると思います。他の国の人であり、しかも五百年前の古人である王陽明を伝して、今日の老書生の私が潸然として涙下るとは、いったいどういうことなのか。人の心というものは実に不思議なもので、人心の微妙というもの

には、時間というものもなければ、空間もない。人種も民族もない。そこにあるのは、脈々として伝わる不思議な天地・人間の生命であり、精神であり、心霊というものであろう……と静かに考えますと、陽明先生ではありませんが、「良知」ということを、また新たに発見したといいますか、会得したような気がいたします。

昨今、新たに陽明学というものが、至る所で話題に上るようになり、あるいは一つの流行にすらなりかねない情勢にあります。そのきっかけの大きな一つは、おそらく三島由紀夫氏の自決でありましょう。

「三島氏の自決には陽明学が大いに影響を与えている」

と、堂々たる天下の大新聞の論説が取り上げて、

「動機の純真を重んじて結果の如何《いかん》を問わない陽明学の影響の一例である」

といったことが書いてありました。しかし、私から言いますと、これなどは最も間違った、最も浅薄《せんぱく》、かつ最も危険な文章であります。動機の純真を尊んで、結果の如何を問わないなんていう、そんな学問や真理などはどこにもありません。そんなものは学問でもなく真理でもありません。とんでもないことでありまして、これはその論説記者がいかに心がないか、学問がわかっていないか、という証拠の最た

るものであります。とんでもないことです。流行となると、こういうふうに誤られるので、流行するならばするで、それだけなお真剣に、厳格にこの学問を究明しなければなりません。これは後学の責任であります。

「陽明学」の流行と誤解

今日の時世に本当に欲しいのは活学・正学であります。この活学・正学によって、真に人間を鍛えた人材が出なければ、私はこの日本は恐るべき混乱、事によると忌むべき暗黒時代が来るということを昨今、痛心《つうしん》禁ぜざるものがあります。時局がやはりそうで、こうなりますると、時代、人心も自ずから霊妙なものがあって、人々は意識、あるいは自覚しませんけれど、何か真実なるものを求める。何か真剣なるものを求める。これは「良知」であります。人間が持っておる、皆が本具しておるから、「良知」であります。これを「致す」、これを完成する、発揮する、これが陽明先生の唱えた「致良知」なんであります。そして、観念の遊戯ではなく、それを実践するというのが「知行合一《ちこうごういつ》」であります。そういうことを、時代・民衆がやはり本能的に（本人は自覚しないけれども）何か求めている。そこで陽明学というものが自然に囁《ささや》かれる、期待されるのであると信ずるのであります。

それだけにこれは、また軽々しく翫《もてあそ》ぶべき、それこそジャーナリズムの対象になるようなものじゃない。これは大いに慎まねばならん。警戒しなければならんことであります。

中国においては陽明学を奉《たてまつ》るようになりますと、ずいぶん余弊《よへい》も出ました。これは何の道でも、何の思想・学問でも同じことであります。天才的なニーチェの思想、あるいはキェルケゴールの思想についても同じことで、それぞれの国において、一方では非常に驚嘆すべきものがあると同時に、他面では余弊というものもまた出ております。

ところが幸いにして、わが日本においては、陽明学の余弊というものが全然ないといって過言ではありません。これは日本民族のために、日本国民のために、日本の教学のために、大いに私の慶賀するところであります。何故であろうかということを説明すると、これまた大変な時間を要するところでありますが、反論としていつも引き合いに出されるのが、天保《てんぽう》暴動事件（一八三七年）の大塩中斎（通称・平八郎、一七九三〜一八三七）であります。

大塩中斎はたしかに陽明学の真剣な求道者《ぐどう》でありました。それ故に陽明学は危険な学問で、動機としては純真かもしれないが、結果は赤軍派とか革マル派と同じことだと知ったようなことを言う輩《やから》がいるけれど、中斎はそんな単純な人ではありません。彼は当時の大阪の与力《よりき》でありますから、現在で言えば、大阪の警察・裁判・司法の一番の責任者で大阪の市民を愛し、大阪民政に最も責任感をもって、実に立派な業績を挙げた人である。富貴・功名・名利などまるで念頭にない。ただ「知行合一」の陽明学をもって、沈滞した当時の儒教界に大きな衝撃を与えたかもしれませんが、世俗に解されているような詭激《きげき》なものではなく、厳正練達の能吏《のうり》にして敬《けい》虔《けん》な求道者でありました。その学問も「太虚《たいきょ》・致良知・変化気質・一死生・去虚偽」を中心として、見識高邁《こうまい》でありました。著書には『洗心洞箚記《せんしんどうさつき》』が残されてあり、その中で彼は次のように書いておるのであります。

「諸儒史論有り。而《しか》るに周・程・陽明先生等史論に及ぶ亦罕《またまれ》なるは何ぞや。夫《そ》れ古今の英雄豪傑多くは情欲上より做《な》し来る。情欲上より做し来れば、則《すなわ》ち驚天動地の大功業と雖《いえど》も、要するに夢中の伎倆《ぎりょう》のみ。夢の是非を評するは明道《めいどう》の君子の言うを欲せざる所にして、是《こ》れ史論の亦罕なる所以《ゆえん》か。故に周・程・陽明先生終日言う所・論ずる所、惟《た》だ英雄豪傑より閭巷《りょこう》の愚夫婦に至るまでの昏夢《こんむ》を喚醒《かんせい》するのみ。その書を読みて其の苦心、諸儒の史論より甚だしきを見るべし」(一〇四)

また、その九においては、

「英傑大事に当たっては固《もと》より禍福生死を忘る。而て事適《しこうしたまたま》成れば則ち亦或いは禍福生死に惑う。学問精熟の君子に至っては則ち一也」

と記しております。これらの所論はまさに彼の真骨頂であり、よくその素懐《そかい》を表しておりますが、とても叛乱《はんらん》を企《くわだ》てるような人ではない。それが、たまたま天保《てんぽう》の大飢饉《だいききん》に遭遇し、当時、大坂・京都にはおよそ三十万人ぐらいの民衆がおったが、そのうちの五万六千人が飢え死にすることになった。責任感の強い中斎はその民衆の被害を何とか救おうと必死で画策《かくさく》するのですが、当時の跡部山城守良弼というそれこそ名利しか眼中にない馬鹿奉行《ぶぎょう》が中斎をやっかみ、ありとあらゆる妨害・迫害をする。さすがの中斎もついに癇癪《かんしゃく》玉を破裂させて義挙《ぎきょ》せざるを得なかったというのが真相でありましょう。しかるに陽明学は危険な学問で「動機の純粋を旨として結果など考えない」などと言い、三島由紀夫を結びつけるなどというのは、ま

った く浅見誤解《せんけん》なんであります。もっとも今日では中斎の行動の真相はよく知られるところとなり、大阪の方たちは成正寺《じょうしょうじ》もあり、この義人をご供養なさっておられます。

さて、古来、偉人は数知れずおりますが、王陽明先生のごとく数奇なる波瀾《はらん》に富んだ生涯はあまり例がありません。彼の遺伝的性格そのものも非常に複雑な多様性をもっておる。つまり、祖先の中に実に多種多様な人物がある。だいたい父は実に謹厳篤学の士で、あの難しい進士試験を第一等で及第して、大臣格にまでなった典型的な士君子というような人です。ところが、祖父のほうは、これは実に洒々落々《しゃしゃらくらく》、拘泥《こうでい》のない老荘的とさえ考えられる豪傑肌の風流逸人であったというように、代々の先祖を辿っていきますと、この一族には実に多種多様の人材が多い。そういう複雑な遺伝性がこれまた実に多種多様に陽明先生にうかがわれる。今日の言葉で言うと、ディバーシティー、バラエティーに富んでおる。しかも決して散漫でなく、非常な学問と修養によって、実に渾然《こんぜん》として統一され、練りあげられておる。そこに学べば学ぶほど、研究すればするほど尽きざる妙味がある。

しかもその生涯は病苦と迫害との闘いでありました。陽明先生は天稟《てんぴん》の才能は別にして、進士に及第したのは二十八歳です。観政工部、すなわち政府の土木関係の監督となり、その秋には河南省の濬《しゅん》県というところに出張して、自分の故郷の出身で名将軍と言われた威寧伯王越《いねいはくおうえつ》の墳墓《ふんぼ》造築の工事監督を命ぜられたのであります。ところがこの工事の合間に、彼はある日、落馬して胸を打ってしまった。それが病苦の始まりで、二十歳代の後半から肺を病んで、血を吐いて、それが終生続いておる。彼の生涯は肺を痛めて血を吐き吐き、始終熱があって、咳《せき》にむせんで、実に深刻な闘病の生活でありました。こういう人は、たいていはどこか山紫水明《さんしすいめい》の地で病を養うのが普通なんであります。そして勉強するとか、著述をする。これはよく東西ともに学者や文人にありがちなことでありますが、陽明先生はこれとまるで正反対に、その病苦をもって、任官劈頭《へきとう》に、朝廷の最も権力者であった宦官《かんがん》の劉瑾《りゅうきん》という側用人の成り上がり者と激突します。劉瑾は宦官にありがちな非常に陰険陰湿な男で、陽明先生はついに貴州の竜場という辺地に流されてしまいます。

　ところが陽明先生は流謫《るたく》されるとすぐ地方の役人連中を集めて学問を教える。自らも命懸けの思索修養に励み、確固たる信念・見識・学問を悟ります。それからようやくにして、中央政府に呼び返されるのですが、すると彼は、その流謫生活の間に発明いたしました学問を縁のある者に講じはじめた。それがその当時の因習的職業的な御用学者たちの反感・憎悪を招いて、紛々《ふんぷん》たる毀誉褒貶《きよほうへん》を浴びるのですが、陽明先生はそんなことに屈託なく超然として説きつづけ、反骨共鳴する人々の間に、次第に陽明学が広がってまいります。

しかし、時の宦官を中心とする支配階級・権力階級からはいよいよ異端視され、疑惑・迫害を受けて、今度は「お前は死んでこい」と言わんばかりに、江西《こうせい》・広東《カントン》の土賊《どぞく》の反乱鎮定に派遣される。匪賊討伐に追いやられたのであります。そうして、その惨憺《さんたん》たる匪賊相手の討伐のうちに弟子を集めて、絶えず書を読み学を講じて、至る所心ある者を傾倒させた。ことに江西の鄱陽《はよう》湖の側の南昌《なんしょう》に封《ほう》じられていた親藩の寧《ねい》王宸濠《しんごう》の反乱に際しては、神速果敢な処置、みごとな作戦により、たちまち鎮定し、史上に類稀《たぐいまれ》な戦績を挙げました。その功によって、どうやらまた中央へ帰ることができたのですが、今度はその非凡なる業績がかえって非常な嫉妬《しっと》やら猜疑《さいぎ》・羨望《せんぼう》をこうむり、あらゆる迫害を受けることになるのです。

だが、さすがにこの朝廷や宦官の中にも、陽明先生に心から敬服し密かに心を通ずる者がありまして、それによってしばしば危ないところを救われ、そうして無事に難局を切り抜けて、故郷に帰って悠々自適します。功利的に言うならば、実に無残な待遇でありますが、彼はこれをむしろ喜んで、今度は故郷にあって、盛んに学を講じたのであります。陽明先生の学問・人物・業績にはたちまち心酔する者が続出いたしました。そしてそれらの人々が次から次へと同志を広め、教化を盛んにしまして、陽明先生の学問・教育は、ある意味において時代を動かすようになるのです。

するとまた、彼に対する反感・疑惑・非難・迫害が非常に盛んになった。あげくの果てには広東・広西《カンシー》の瘴癘《しょうれい》（疫病・熱病）の地の内乱鎮定、匪賊の討伐にまたまた派遣されるのであります。彼は実に卒読するに忍びない陳情書を奉っております。自分はもう肺を病んで血を吐いて、始終咳に悩まされ、一度咳こむと時々気絶して、久しうして辛うじて蘇《よみがえ》るというような状態である、とても内乱の鎮定、匪賊討伐など思いも及ばんという陳情書を奉っておりまするが、それでも許されず、ついに派遣軍司令官として、内乱と匪賊討伐に当たりました。しかし陽明先生はここでも歴史に例のないような治績・戦績を挙げて、各地で神格視されるほど崇敬・仰《ぎょう》慕《ぼ》・敬慕をされている。しかし、さすがにそこに至って、彼の生命の炎も尽きたものと見えて、郷里への帰り途《みち》、五十七歳の秋十一月、ついに永眠したのであります。その数年前、たしか五十四歳であったと思います。彼が内乱・匪賊の討伐に出陣します直前、一年ばかり故郷の余姚《よよう》、越《えつ》の山水秀麗《さんすいしゅうれい》の地で、病を養いかたがた、講学を楽しんだことがある。そのとき、顧東橋《ことうきょう》の質問に答えて、延々として彼の所見を披瀝《ひれき》している。その書簡の後半が『抜本塞源論《ばっぽんそくげんろん》』であります。実にあの病苦をひっさげて、あの艱難辛苦《かんなんしんく》を極めた間に、よくあれだけの学問と講学ができたものであります。その事績を追い、彼の文を読み、彼の詩を読み、彼の書簡、および彼の献策《けんさく》、あるいは匪賊討伐・内乱鎮定の際の建白書、そういったようなものをしみじみ読んでおりますと、何とも言えぬ感激に打たれます。人間にはこういう人がおるのか、また人間はこういう境地にあって、こういうことができるものかとしみじみ感じます。

敬虔かつ熱烈な門弟たちとの問答や書簡は、現代の評論家やジャーナリストによる、簡単な、軽薄な流行思想や評論の対象になるような人物や思索や学問とは全然違う。実にこれは深刻で霊活《れいかつ》といいますか、陽明学とは、限りない感激のこもった、人間として地上における最も荘厳《そうごん》なる学問であり文章である、という気がいたします。

王陽明生誕の秘話

「瑞応《ずいおう》（めでたい反応）の出ずるや、始め種類なし。善に因《よ》って起こり、気和して生ず」という名言があります。王充《おうじゅう》の『論衡《ろんこう》』の中に出てくる言葉であります。王充（二七～一〇一？）というのは後漢《ごかん》の光武帝《こうぶ》の初期の学者です。非常に個性があり、良い意味における興味深い学者・人物であります。字《あざな》は仲任《ちゅうじん》。家が大変貧乏でありまして、本を買うお金がない。それで都の洛陽《らくよう》の本屋に行っては、よく立ち読みをして、それで勉強した。私なんかも本郷の学校（東京帝国大学）におったころは、学校の前の本郷通りはほとんどが本屋でした。戦後実に寂しいことの一つは、その本屋の数が少なくなって、本郷通りにわけのわからんコーヒー店みたいなものやら、料理屋みたいなのがゾロゾロ出てきたことです。本屋の数なんか私たちのころの三分の一、もっと少なくなったかもしれん。神田も減りました。そのころの本屋には、またおもしろい人物がおって、本屋の親父《おやじ》なんてのは、個性のある者が多かったのです。私どもが店頭で読んでおっても、何とも言わん。そこでずいぶん立ち読みをやって、少し気が咎《とが》めると、あくる日また行って続きを読むなんてことを、私ばかりじゃなく、ずいぶん多くの仲間がやっておった。それがまたとても印象に残ります。買ってきて自分の部屋に持ち帰るとあまり読まん。ところが、書店で盗み読みをするなんていうのは、非常によく覚えるのだから、人間の心理というのは妙なものであります。

王充もやっぱり洛陽の本屋でしょっちゅう本を読んでいた。ところがこの人は、われわれと違って頭がいい。いっぺん読んだら忘れなかった、よく記憶したという人であります。その著書『論衡』、これは実に見識があって、彼の独特の思想がよく表れている非常に興味深い本です。

孔・孟の学問についても、非常に実証的な、科学的な見方・学び方をしていて、決して盲従的でない。遠慮のない彼なりの観察をしておる。批判的ではあるが、しかもその本質の根底は非常に真摯《しんし》かつ真剣であり、立派な求道的なものであります。漢代は前漢に武《ぶ》帝が儒教を国教並みの待遇にしましたが、後漢にはそれが官僚化しました。学者が『論語』とか『孟子』を批評するなどもっての外《ほか》だというような思想がありましたが、王充はあくまで実証主義を貫き、迷信というものに対して、非常に厳しい批判的精神を持っておった。しかし、それはそういう思想・哲学を無視するというものではない。正しく認識し、考察している。さればこそ、「瑞応の出ずるや、始め種類なし云々」といった言葉が出てくるのであります。世の中にめでたいことが起こる、その初めはどういうものか、簡単に区別することはできない。要するに瑞応とは否定されるべきものではない。瑞応というものは善によって起こる。そして、気和して生ず、突然生ずるものではない。いかなる現象も必ずよってきたる原因・由来というものがある。瑞応には瑞応らしい由来・因縁がある。善によって起こり、そこから起こってきたいろいろの気が和して生ずるのです。突然の原因・由来・因縁のない瑞応、したがって不吉・災害、そういうものはない。必ずよってきたる所以がある。瑞応には瑞応らしい、災害には災害らしい由来・因縁がある。善によって起こり、気和して生ずるのである。けだし名言であります。

人間に貴い感化を与えた偉人の誕生を知るとき、私はよくこの語を思い出すのであります。明の憲宗《けんそう》の成化《せいか》八年、日本で申しますと後土御門《ごつちみかど》天皇の文明《ぶんめい》四年、ちょうど応仁《おうにん》の乱のあとの非常な動乱の時代であります。西暦で言うと一四七二年、十五世紀も終わりに近い、九月三十日の亥《い》の刻、つまり十二支の最後、夜の十時のことであります。王陽明（諱《いみな》は守仁《しゅじん》、字は伯安）は浙江《せっこう》省の余姚に生まれました。余姚は長江の南、杭州湾の南岸に近く、四明の山々、姚江の流れ、風向の美に富んだ地であるが、そこの竜泉山の北麓に彼の父が他から借りて妻とともに読書の所としていた一楼があった。そこで彼は生まれた。彼の高弟であった銭徳洪《せんとくこう》が『瑞雲楼《ずいうんろう》記《き》』というものを書いておるが、それによると、陽明は十四カ月も母の胎内におった。一夜祖母の夢に緋袍《ひほう》玉帯（緋《あか》い着物と玉で飾った帯）をした神人が五色の雲の中から、音楽の先導で一児を抱いて現れ、「この子をお前に授ける」と言った。祖母は、

「自分には、もう子がありあります。私よりも幸いに嫁が孝行してくれますから、どうか佳《よ》い児を得て孫としたいものでございます」

と答えたら、神人はこれを諒承《りょうしょう》してくれた。神人だから、初めから嫁さんのほうへ出てきそうなものだが、お祖母さんに出たなんていうのは、ちょっとおかしいなんて下手な科学だとそういうふうに考えるが、それでは文芸にならん。お祖母さんが見たというので、なおこれはおもしろい。

途端に呱々《ここ》の声が聞こえ、驚いて目が覚めた。起きて中庭を見ると、耳になお音楽が聞こえて夢の通りであった。これを不思議に思った祖父が、名を「雲《うん》」と定めた。ところがどうしたことか、この「雲」は、五歳になっても（『陽明先生行状』では六歳）口をきかん。これは心配なことであります。

そんなある日、「雲」は群児に混じって嬉々《きき》として遊びふざけておった。ところが、この児の傍を通りかかった神僧（神秘な法力を持った僧）が「雲」を見つめて言う。「この児は好い児だが、惜しむべし、道破す（可惜道破《かしゃくどうは》）」

つまり「秘しておけば良かったのに、惜しいことに道《い》（言）ってしまった」と言うのであります。それを聞いた祖父が悟るところあって、その名を守仁に改めたと言う。これは王陽明の年譜に出ておるのだが、彼の親友で彼よりも長生きをしている湛甘泉《たんかんせん》（若水《じゃくすい》）の「陽明先生墓誌銘」にも「神僧之を言う、遂《つい》に今の名に改む」とあります。また、黄綰《こうわん》（黄宗賢）の『陽明先生行状』には、五歳が六歳になっており、神僧のことは、一日僧あり、となっておる。

「一日僧あり、之を過《よぎ》り其の頂を摩《な》でて曰《いわ》く、此の寧馨児《ねいけいじ》有り、却叫壊了《きゃくきょうかいりょう》」

寧馨児というのは晋《しん》・宋《そう》の時代の俗語で「このようにすぐれた児」という意味で

あります。感心した意味での「この児」のこと。「却叫壊了」とは「惜しいことにスッパ抜いてしまった」という意味。「叫壊了」は俗語で「叫不上来《チャオプーシャンライ》」（言い表せない）の意であります。また先程の高弟・銭徳洪の『瑞雲楼記』には、

「道士有り、竹軒を戒めて曰く、天機洩《も》らす可《べ》からずと。竹軒之《これ》を覚る。乃《すなわ》ち先生の名を更《あらた》め、是れ自《よ》り夢を言うことを諱《い》む」

とあります。道士がわざわざその家を訪ね、祖父の竹軒を戒めて言った。天の機を洩らしてはいけない。神秘な経験なんだから出してしまってはいかんと。祖父の竹軒はハッと悟って先生の名を改め、それ以来、不思議な夢のことを言わなくなった、避けることにしたというのであります。

改名の効験《こうけん》は早速ありました。五つか六つになるまで口をきかなかったこの児が、ある日、祖父が読んだ書をスラスラと復誦《ふくしょう》したのです。祖父は驚いて問う。

「どうしてそれができたか」

「お祖父さまの読書を聞いて、口では言えませんでしたが、ちゃんと暗記しました」

と答えた。この楼を後になって、郷人は「瑞雲楼」と名づけた。

こういうことは、いままで奇跡として片づけられておった。しかし、最近は奇跡じゃないということが、科学の実験でだんだんわかってきた。一例を挙げれば、眠っている子供に音盤を聞かせる科学的実験とか胎教、胎児学（エンブリオロジー）、素読などが挙げられる。同じ年ごろの同じような頭の子供に対して、一方にはよく寝ておるときに、明日の朝教えようと思うことを、眠りを覚まさんように静かに音盤で聞かしておく。一方の子供はそのままにしておく。その両方を明くる日に集めて、同じことを教えると、前の晩に音盤で聞かせておいた子供は非常によく覚える。能力は違わないのに、もう画然《かくぜん》として覚えが違う、という実験がある。

子供ばかりでなく、人間の能力というものは、平生、暗々裡《あんあんり》に受け取っておくのは大変いいことである。胎教のためといって、腹の中におる子供のために勉強をする、本を読むなんてことは、従来は非科学的であると考えられていた。しかし、このごろはエンブリオロジー、胎児学なんていうものが発達をして、いろいろの実験から、胎教が非常に意味があると、科学者が言い出すようになってきた。陽明先生の復誦もそれと相通じるものであります。

その意味では、子供のときから、わかってもわからんでもいい、聞かしておくということは、大変意義がある。素読などはそういう意味でも、決して軽視することのできない、軽々しく取り扱うことのできない、非常に大事なことであります。何でもいいから、子供のときに真理を聞かせておく、道を聞かせておくということは、時が来ると、立派に、根から吸収したものが花になり実になるように、いろいろの知識や行動になって表れる。だからこれは大事なことであります。

彼の高弟の銭徳洪もまた、どういう奇縁か、陽明先生より二十四年遅れて、弘治《こうち》九（一四九六）年に、同じくこの楼に生まれた。そんなことは、偉人の誕生にありがちの伝説にすぎないと記述する学者も多い。それにもかかわらず私がここに特記するのは、最初に記した王充の『論衡』に、近代の遺伝学上からも少なからず興味を覚えるのと、寝入っている同じような知能の子らの一方に、目を覚まさぬ程度に低く音盤で何回も聞かせたことを、明くる日一様に教えてみると、夢中に音盤を聞かされたほうの子供は、他方とは比較にならぬほど善く覚えるという実験から、幼少年時の教化の大切なことを、陽明先生についても感悟《かんご》するからであります。

父と祖父、そして家系

祖父・竹軒の話が出たついでに、ここで王陽明の家系について若干、注釈しておきましょう。父の王華《おうか》は、字を徳輝《とくき》と言います。実庵《じつあん》と号し、晩年には海日翁《かいじつおう》と称しました。竜泉山麓に読書生活をしたので、多くの人から竜山公とも称せられ、成化辛丑《しんちゅう》十七（一四八一）年に、進士第一等に及第、大変なよくできた学者でありました。なお仕えて南京吏部《りぶ》尚書《しょうしょ》といいますから、人事院の総裁というようなこともやった。海日翁という号など、現代の実存主義者にまた新たな魅力であろう。

実存主義者の中でも、カミュなどは東洋人とどこか相通ずるところが多く、おもしろい思想・学問の人でありますが、このカミュは海上に出てくる太陽が非常に好きで、彼はこれをいろいろに含味して説いておる。サルトルとカミュというのは、並び称せられるんですけれど、サルトルというのは、どうも私はあまり好かん。カミュのほうは、ちょっと興味がある。このカミュが海上に出る太陽を非常に好んだ。カミュなんかも航海生活をすると、海上から出る朝日、日の出は実に印象が深くて、非常に考えさせられることが多い。

陽明先生の父が晩年「海日翁」という号をつけておるところに、私なんかもどこか心境が自ずから通ずるところがあるような気がしてならない。

祖父は王倫《りん》。この人は父の王華とはまた性格が非常に違った人であります。字は天叔《てんじょ》、自然の秩序の意味である。竹軒と号し、竹が非常に好きだった。竹を愛し、光風霽月《せいげつ》の風懐は、田園詩人の陶淵明《とうえんめい》や北宋の詩人・林和靖《りんわせい》（逋《ぽ》）を偲《しの》ばせるものがあった。陽明先生の少年時代は、父よりもこの祖父の感化を受けたことが著しい。遺伝にも隔世遺伝なんていう説がありますが、それを考えさせられるものがあります。

曾祖父《そうそふ》は王傑《けつ》。字は世傑、槐里子《かいりし》と号して、経学、特に宋学に通じたが、仕えずして没した。このもう一つ先の高祖の王与準《よじゅん》は字を公度、遁石翁《とんせきおう》と号した。これもおもしろい号であります。礼・易に精通し『易微』数千言を著しています。四明山中に一年余りも籠居《ろうきょ》したことがある。六代先の先祖は王綱《こう》。字は性常《せいじょう》または徳常。文武の大才で、明《みん》初の名相・劉伯温《りゅうはくおん》と知己の交わりを結んだ烈士であった。劉伯温は青田《せいでん》先生と呼ばれた非常に偉い人ですが、立派な著書もあります。その青田先生と親交が深く、平生は山水の間に往来して、時人測《はか》るなしという風格であった。人物のほどが、世間の人間にはちょっとわからんという風格の人であった。王陽明全書の『世徳紀《せいとくき》』にそれぞれ伝がありますが、その先はあえて問わないけれども、前記諸祖の面目風格ことごとくが陽明先生に隠顕し、いわゆる「気和して生ず」という感がある。これも一つの理由で、初めに王充のこういう言葉を引用したわけであります。

陽明先生は少年のころから、折にふれてその気概や鋭鋒《えいほう》を表しております。その十歳の成化十七年のことだが、このとき、父の竜山公は進士第一等に挙げられて、翌年には竹軒や守仁を京師の都に迎えることにした。守仁にとっては初めて都に上る経験であった。そしてその途路、十歳の守仁は金山寺で大人が舌をまいて驚くような詩を作った。父の下で塾にも通ったが、ある日、彼は塾の先生に、

「天下第一等の人とはどういうものですか」

と問うた。するとその塾の先生は、

「進士に及第し、親を顕し、名を揚げる人、すなわちお前の父君のような人が第一等の人だ」

と教えた。そうすると彼は、

「そんな人はたくさん出るから、第一等の人物とは言えますまい」

と反駁《はんばく》をしたのであります。なかなか鋭い。なるほど進士の第一等というのは、進士の試験はしょっちゅう行われるから、彼の言う通りであります。塾の先生はちょっと参ったんでしょう。

「そんならお前はどう思うか」

と問うと、

「聖賢となってこそ初めて第一等ではありませんか」

と、なかなか生意気なことを言った。

十五歳のときである。客と北京《ペキン》西北の要衝《ようしょう》・八達嶺《はったつれい》の麓《ふもと》にある居庸関《きょようかん》に遊び、塞外《さいがい》の風雲を眺めて大いに感奮し、胡児《こじ》、すなわち北方民族の子供と騎射《きしゃ》に熱中したり、伏波《ふくは》将軍・馬援《ばえん》を夢に見て詩を作ったりしている。これは私も体験がある。学生のころに、十五歳ではなかったが、万里の長城を見て、広漠たる大陸の原野を眺めたときの感激というものは、ちょっと日本では理解できないものがあった。守仁の感奮が手に取るようにわかる。伏波将軍・馬援は北伐に大功績があり、光武帝《こうぶてい》時代の英雄として知られている。北方諸地に対しても、その侵略勢力を討伐して大功があり、社稷《しゃしょく》（国家）のために一身を顧みず、功名富貴を敢《あ》えて念としなかった風格に富んだ英傑で、守仁少年を感奮させるには恰好《かっこう》の人物である。のちに彼は年少の身にもかかわらず、朝廷に上奏して、地方匪賊の掃討に当たろうというようなことを考え、父から「狂気の沙汰《さた》だ」とひどく叱《しか》られて思い止まったこともある。

十七歳、孝宗の弘治元（一四八八）年、故郷の越《えつ》に帰り、その七月南昌に赴き、江西布政司参議・諸養和《しょようわ》の女《むすめ》を迎えて結婚した。その婚礼の日、彼はぶらりと外出して鉄柱宮（道教の建物・道観の名）に入り、そこに坐《すわ》っている道者と対坐《たいざ》して帰るのを忘れておったという。新婚当時、彼は舅《しゅうと》の官舎でもっぱら習字に没頭した。後年に至って、

「吾始め書を学ぶ、古帖《こちょう》を対摸し、字形を得るに止まる。後、筆を挙げ、軽々しく紙に落とさず。思を凝らし、慮を静かにし、形を心に擬し、久しうして始めてその法に通ず。既後《そののち》、（程）明道先生の書を読むに、曰く、吾れ字を作《な》すに甚だ敬す。是れ字の好を要するに非《あら》ず。ただこれぞ是れ学と。既に字の好を要するに非ざれば、また何を学ぶや。乃ち古人時に随《したが》い、事に随う、ただ心上に在って学ぶ。此の心精

明なれば、字の好も亦たその中に在り」

と言っているのは、このときの思い出によるものでありましょう。昔の古い法帖に向かってそれを模写する。ただ字の形を得たに止どまる。初めのうちは、ただ恰好良く書く、お手本の通りに書くという程度であったが、のち筆を挙げて軽々しく紙に落とさず、思いを凝らし、慮、心を静かにし、形を心に擬し、この慮は心の動き方です。そして、久しうしてから初めてその法に通じた。形は心と別のものではありません、心形一致であります。その後、北宋の大学者・程《てい》明道先生（一〇三二～一〇八五）の書を読むと、字を習うということは、うまく書くというのではない。それによって心を整える。これが本当の字を学ぶ、いわゆる学である。ただ心情にあって学ぶ。心の習練です。この心精明なれば、字の好みもまたその内にありと言っておるのであります。

青年・王子と青年・朱子

陽明先生は翌年の十二月、新婦を伴のうて、船で故郷の余姚に帰ります。その途《と》次《じ》、江西《こうせい》省の広信府で婁一斎《ろういっさい》を訪ねました。これによって彼は大いなる反省と奮発、つまり省発を得たのであります。

かつて、都の塾師に「進士に及第するなどは何でもない、聖賢となってこそ大丈夫第一等のことだ」と放言した彼が、今度は彼より五十も歳上で、六十八歳になっておった老熟した賢人から、宋儒の学問を聴いて、

「聖人は必ず学んで達することができるのだ」

と教えられたのであります。俊敏で真剣な学問求道の精神を抱いておった彼が、初めて謁した婁一斎の一言に、霊感を得たことは想像にあまりがあります。その婁一斎（一四二二～一四九二）は名を諒《りょう》、字を克貞《こくてい》と言いました。ちょっと読み過ごすのに惜しいのは、その名と字。「はい、そうですか」と通り過ごしても別段構わないのですけれども、通り過ごすにはちょっと惜しい名前であり字であります。

というのは、名と字というのは、相俟《あいま》って補足する関係にある。名は親が付けるもので、字は後になって自分が付けるものでありますが、これがなかなか味があり意味がある。その人の志、その人の理想、その人の情操というようなものを見ることができるのであります。そこで「諒」という文字ですが、これはいろいろ意味が

あります。一般的には、「誠」「真実」という意味であります。私はたびたび申しておるが、漢字の使い方というのは非常に微妙で興味が深い。しばしば説明するように例えば「佞《ねい》」である。奸佞《かんねい》、佞姦の佞という字は、初めは大変いい文字であった。「仁」と「女」、あるいは信と女を一緒にした文字で、これを要するに「情けのある女」「誠のある女」であり、その心延《ば》えから出す言葉遣い、言語であって自ずから相手に非常に快い感じを与える。相手を嬉《うれ》しくさせる。だから本来はいかにも真実や情けのこもった言葉遣い、挨拶、そういうものを「佞」と言って大変いい意味であります。ところが後世になると、肝腎《かんじん》の真心が抜け、ただ口先だけうまい、けしからん裏表のある人間という意味になって、後世はもっぱら悪い意味にのみ使われるようになった、というようなものがたくさんある。悪い意味にならずとも、そういう良い意味と悪い意味と両方に使われる文字・言葉は、これはずいぶん多い。「諒」などもその一例であります。

ところが人間は、誠の人間、真面目《まじめ》な人間とは『論語』の中にあるように「硜々《こうこう》然として小人なるかな」（子路篇）とあるように、人間は真面目だがコチコチで融《ゆう》通《ずう》がきかない、窮屈で扱いにくいという人間となる。そういう人物は、特に精神家・道徳家なんていう人に案外おる。いい人間なんだけど、融通がきかんとか、調子がいやに堅くて、取り扱いにくい、感じが悪いなんていうのは、よくあることです。「諒」といういい言葉も、どうもそういう意味がありまして、誠にいいけれど、どうも始末が悪い、困る、嫌だと、そういう意味になるんであります。

『論語』の衛霊公《えいれいこう》篇にも「(君子は)貞にして、而して諒ならず」(貞《ただ》しいけれども、コチコチで融通がきかない、馬鹿正直ではない)とある。筋が通っている、グラグラ変わることがない、しっかりしておるんだけれども、どうもいただけない。そういう融通のきかんというような意味に「諒」が使われまして、孔子は「人間は貞であることは良いけれど、諒になってはいかん」と教えておる。この場合の諒は悪い意味で、これは人間社会の微妙な問題の一つであります。

そこで妻一斎は『論語』に基づいて字を「克貞」、つまり名は「諒」だけれども、悪い意味の「諒」ではなく「克《よ》く貞」であると、字で示した。簡単にちょっと通り過ぎるには惜しい意味が隠されているのです。

妻一斎は広信府上饒《じょうじょう》の人。若くして聖賢の学に志し、師を四方に求めたが、どうも胸中満足が得られない。たいてい出世のための受験学問(挙子学《きょし》)で、これはいわば挙子の学、身心の学ではない。ついに呉康斎《ごこうさい》先生（名は与弼《よひつ》、字は子伝）が臨川《りんせん》におられるということを聞いて、従遊した。康斎先生は一見して大いに喜んだ。元来この人は子供のときから激しい性格であったが、聖学に志すに及んで人事を謝し、独り小楼に処《お》って、四書五経をはじめ諸儒の語録を心読し、楼を下らなかったこと二年、癇癖《かんぺき》もすっかり治ってしまったという人物であります。

朱子《しゅし》（熹《き》）が師事しました李延平《りえんぺい》先生（一〇八八〜一一五八）というのは、ちょうどこういうような人です。すなわち朱子も陽明も、期せずしてこういう同じような風格・経歴の師を得たということに大変おもしろい共通性がある。婁一斎が、初めてこの呉康斎先生に謁したときに、「君の気性はわしと同じだ」と言っているから、ちょうどこの呉康斎と婁一斎というのは、本質的に通ずるものがあったのでしょう。自ずから共鳴するものがあったわけであります。そして呉康斎先生の教学の風というものは、学問するものは細務《さいむ》も自らできねばならんといって、掃除のようなことまで僮僕《どうぼく》を使わず、すべて自ら処理されていた。普通なら、学問するものはくだらないコセコセしたことはやっておれんと考えるものなのですが、呉康斎先生はそこが違う。婁一斎はそういう教育を受けた。

本格の修行とはそういうもので、禅寺なんかで参禅しても同じです。参禅といえば、坐禅堂へ行って坐禅をする。それが少しできるようになると問答をすることが主眼だと考えておる者が非常に多いが、それは参禅を知らない者の考えることで、本当の参禅というのは、そんな簡単なものではなく、禅寺へ行って生活することであります。朝早く起きて、拭《ふ》き掃除、掃《は》き掃除をし、台所の炊事を手伝い、時には行乞《ぎょうこつ》、すなわち民家を訪ねて合力《ごうりき》を求め、あるときは先輩に茶汲《ちゃく》みもし、いろいろのことをさせられます。それが修行であって、人間ができてくるうちに進境《しんきょう》に応じて、道や学の教えを受ける。本当の参禅とは単なる講釈とか只管打坐《しかんたざ》をすることではない。一つの厳しい生活でなければ本当の参禅ではない。只管打坐、これは曹洞禅でも言いますけれども、ひたすらに坐禅をすること、これは大事なことです。ひとえに打坐する。坐禅になりきる。これは大変大事なことであるには相違ないが、私が若いころ、あちこちの禅道場などを訪ねて考えさせられたことは、素人が悟りだとか、公案《こうあん》・見性《けんしょう》ということに興味を持って坐禅をするのはいいけれども、坐禅の姿勢の悪いやり方にしばしば首をひねらされたものだ。居眠りなんかするのは、まだ何でもないが、一所懸命に坐っているのに姿勢がなっていない。打坐の打は接頭語だけれども、坐するということは、ただ坐りさえすればよいというのではなく、それこそ脊梁骨《せきりょうこつ》を真っ直ぐに、尻を引いて背筋を真っ直ぐ、臍下丹田《せいかたんでん》を充実させて、肩が凝《こ》らんように肩肘《かたひじ》を張らんようにする。なかなか厳しく、難しいものなんであります。坐禅させとけば自然にちゃんとなるという教え方もある。しかし、そうはいかんので、やっぱりそこは親切に教えてやらなければならんと思うのでありますす。拭き掃除なんかもそうだ。ちゃんとした非常な意味がある。あるとき、若い雲水《うんすい》がもう明けても暮れても拭き掃除、掃き掃除、何しに来てるのかさっぱりわからんと言って、嘆いておったが、私が、

「それは違う。典座《てんぞ》や老師は、どういうわけでお前たちはこれをやるのだということを教えなかったのか」

と聞いたら、

「いや、そんなことは教わらん」

と言うので、

「それでは、お節介だけども、少し話をしてやろう」

と説明してやったことがあります。

「人間は足腰というものが大事なんだ。足をなぜ『足る』と読むか知っとるか。腰抜けと言って、人を罵倒《ばとう》するが、これはどういうことだ。君たちは坐禅をしたり掃除をしながら、足という字の意味も腰という字の意味も知らんじゃないか。人間は観念の遊戯、あまり抽象的な問題に体を抜きにして偏《かたよ》ると、薄っぺらになってくる。大脳皮質というものが上のほうへうわずってしまって、体がお留守になると、駄目になってしまう。すぐに神経衰弱になったり、空疎になって、くだらない思索の遊戯に陥ってしまったり、空理空論に走ったりしてしまう。まず大事なことは、そういうことにならんように足を地につけ、腰をしっかり据えることだ」

「肝腎要《かなめ》ということがあるが、何か知っているか。肝腎要といったら、肝臓と腎臓と腰ということだ。腰というものはそういうふうに、肝臓と腎臓と同格で大事であって『要』というのは腰という字で、あとになって肉月《にくづき》をつけて腰という漢字になった。だから、人を罵《ののし》るのに『腰抜け』というが、あれは名言なんだ。だいたい腰抜けが多い。腰が抜けると、上半身と下半身との連絡が悪くなるから、本当に駄目になってしまう。足は『足る』と読むぐらい、足というものは全身の生理・健康に、最も関係が深いので、足が丈夫であれば、健康はそれでだいたい良い。だから

『足る』と読む。手はそういうわけにはいかん。だから、足腰が大事なんだ。そのために禅家では坐禅と同時に掃除をさせるんだ。掃除でも竹箒《たけぼうき》を持って立ってする掃除はあまり役に立たん。拭き掃除に限る。尻をふりたてて、そうして長い廊下を雑巾《ぞうきん》をもって拭く。これは非常な薬で、どんな神経衰弱で、いかなる妄想に耽《ふけ》ってる奴でも、これをしばらくやったら神経衰弱はすぐ治る。神経衰弱が治るばかりじゃなくて、胃腸病なんかもみんな治ってしまう。こんなありがたいものはない。本当なら君たちにそういうことを自然に会得《えとく》させようと思って、教えないんだろうが、わしは少し慈悲が多いんで教えてやるんだ」

と言ったら、皆が非常にありがたがってお礼を言っておったことがある。こういうのが、学道の微妙というものでありまして、すべてが無礙《むげ》自由、これが造化、大自然、道徳の本体であります。凝りを解いて、そして自由に進歩・向上させるというのが、身心の学、本当の求道というものである。

方法はいろいろあるけれども、自分の本来的な性格、あるいは長い間の因習・慣習を改善して行くことの伴わない学問、すなわち身心の学でない学問は、何学たるとを問わず、これは本物ではない。手段的なものか、あるいは因習的・慣習的・功利的なものであって、根本的・本質的な教学というものは、身心の学でなければならない。これは牢乎《ろうこ》たる真実である。いままでの歴史上の偉人を調べてみると、皆こういう学問をやっておる。

かくして呉康斎先生は、その蘊蓄《うんちく》の一切を婁一斎に傾注した。人生運命の不思議であるが、婁一斎の子の婁性《ろうせい》は兵部郎中《ひょうぶろうちゅう》に任じ、その娘は寧王・宸濠の妃《きさき》となって、賢女の誉《ほま》れ高く、宸濠の謀叛《むほん》を諫《いさ》めたが力及ばず、ついにその累《るい》を被《こうむ》って婁性も捕らえられ、婁一斎の遺文《いぶん》も失われた。その宸濠の叛乱を鎮定したのが実は王陽明先生であったというのも、人生の奇しき因《く》縁であります。

私はこの婁一斎先生と王青年との出会いを思うときに、自ずから李延平先生と朱青年（熹、すなわち朱子）との会談を想起する。李延平も若いときは豪気《ごうき》で、夜酔うて数里も馬を駆るというふうであったが、それが羅予章《らよしょう》の門に入って、学道潜養の結果、頽然《たいぜん》一個の田父野老《でんぷやろう》のごとき風格を現成した。それまで煥発《かんぱつ》していた才気を内におさめて、田舎の老農民のような、一見したところ平凡な風格となっていたのであります。若くして儒仏の思想学問に耽溺《たんでき》していた朱青年が、初めてこの李先生を訪ねたときは、陽明青年が婁一斎先生を訪ねた年齢よりは少し歳上の二十四歳ごろで、李先生も六十歳に達していた。

しかし老先生は円熟の中になお凛然《りんぜん》たるものがあり、朱青年が所見を陳述するのを聴き終わると、

「不是（いけない）！」

と一蹴《いっしゅう》した。これは朱青年にとって大衝撃であったことも想像にあまりがある。これが奇縁で朱青年は真剣に延平老先生の下に通学したという。そして朱青年はつくづく思うのであります。

「これと処《お》ること久しうしてその涯《がい》を見ず、鬱然《うつぜん》たる君子人」

と嘆息するのである。長らく身近で教えを受けているが、その人物と学問のスケールがどこまで広大なのか、どこまで深いのか、その涯《はて》がわからん。鬱然たる、何といっても樹の繁ったような、誠にどっしりとした深遠な君子人であったと痛感させられたのであります。

こういうことが、真の教育であり、学問であって、朱子学も陽明学（朱王の学）もここに至れば一味なのである。同じことである。軽々しく朱王の学の相違を論ずるなどは、陽明先生も嫌ったことであるが、慎むべきことである。学問とか文章の

やっかいなのは、こういうところにある。それがまた良い、面倒なことだけれども良いのであります。

その意味では、婁一斎先生と王青年との出会いを想《おも》うときに、自然に李延平と朱青年とのことを連想・想起するということは大変に良いことである。そんなことを何も想起せんというのでは、これは勉強が足りない。想起するだけ平生に勉強しておらなきゃならん。想起した以上は書かなければならんとなる。しかし、その事実を一つ一つ覚えておるわけではないから、正確を期するためにわれわれはまた書かれておる文献を取り出して、改めて読みなおし、書き写さなければならん。非常にやっかいなことではあるが、これが凄《すご》い勉強になるのであります。

ところが、往々にしてそういう頭の閃《ひらめ》きというのは、机に向かっておるときには起こらん。もう今夜は寝よう、やれやれと思って寝床へ入った途端に思い出したり、食事をしておって、ふいと頭にのぼったり、これは実におかしなものであります。せっかく寝床へ入ってボツボツ温まってきた。とんでもないことを思い出したけれど明日にしようか、なんて寝てしまったらもう駄目なんです。たいてい駄目なんだ。そのときに布団からのこのこと這いだして、それで風邪をひくのも忘れて、羽織やどてらを引っかけて書庫に入っていかなければならない。私の書斎は書庫に続いている。書庫へ入っているといかにも冬は冷える。そんなところへ入っていって、それからすごすご探して引っ張りだして、ああそうだったかと気づく。それだけではいかんから書いておく、そういう努力を惜しんではならない。実に厄介なことである。傍から見ると変に思われるだろうが、真剣に道を求める者の覚悟すべきことであります。これは画家とか、彫刻家とか芸術家・美術家なんかになったら、ますます微妙だろうと思います。

私の友人でしょっちゅう剃刀《かみそり》で切って怪我《けが》しとるのがおる。どうしたんだと聞くと、

「私は悪い癖があって、鏡に向かって髭《ひげ》を剃《そ》りだすと何かを思い出す。その途端にハッと切ってしまう」

と言うのでおかしかったが、しかし、人間そのくらいでなければならん。決まりきって、のほほんと暮らしとって、悟りを開こうとか、学問しようとか、傑作を残そうとかいうようでは問題にならん。事業でもやっぱりそうです。真の事業家というのは、機械的な生活の作業人などと違って、これは真剣です。やっぱり命懸けだ。

そんなことを言ってると脱線してしまうので、先に進みます。

「身心の学」への目覚め

陽明先生が故郷の余姚に帰った年、彼を愛して育てた祖父・竹軒公が没《な》くなった。竹軒公は、居常《きょじょう》竹を愛し、

「これはわが直・諒《まこと》・多聞の友である。一日もこれなしには暮らせない」

と言っていた。『論語』季氏篇に、

「孔子曰く、益者三友、損者三友。直を友とし諒を友とし、多聞を友とするは益なり。便辟《べんぺき》を友とし、善柔を友とし、便佞《べんねい》を友とするは損なり」

とありますが、竹軒公はその益者三友を竹においたのであります。竹軒公の葬儀には父の王華も帰ってきて喪に服し、陽明先生は三人の従弟妹婿《じゅうていまいせい》と一緒に講習を励んだ。そういうとき、彼はまことに快活で、よく語りよく笑い、冗談も言ったものであるが、どうかすると急に態度を改めて黙り込み、考え込むことがあった。従弟妹婿らは不審に思って、ときにその気紛れをからかったりしたが、そういうとき、

彼は色を正して言った。

「いや、いままで放逸であったのが悪かった。おどけたり、ふざけたりする人間に碌《ろく》な者はいない。人間は心正しければ、自ずからその態度も言語も整斉厳粛になるものである」——求道思索盛りの青年の多感な心理が躍動しているのを想像することができる。

それから転じて、弘治五（一四九二）年の秋、陽明先生は二十一歳で首尾よく浙江省の郷試《きょうし》に及第した。しかし郷試に合格したものの、翌春の会試《かいし》・殿試《でんし》とさらにその次の年の会試にも落第した。郷試とか会試というのは遠く隋《ずい》代から行われてきた「科挙」という官吏登用試験制度のことで、郷試・会試・殿試は明代の登用試験の中の名称で、郷試の合格者を挙人といい、全国の挙人を都に集めて行う試験を会試といって、その及第者をさらに天子自ら親臨《しんりん》して試問し、その合格者を進士と称したのであります。つまり陽明先生は挙人にはなったけれども、会試には落第してしまった。同舎中、落第を大いに恥とする者もおったが、先生はこれを慰めて、「世間は落第を恥とするが、我は落第して心を動かすことを恥とする」と言った。まさになかなかの見識であります。

ところが彼は、郷試を受けた際、一つ不思議なことがあったと年譜に録されている。それは場中夜半、夢か現《うつつ》か、それぞれ緋《ひ》や緑の衣を着けた二巨人が東西に立って、三人で大いにやろうと声高に言った途端に見えなくなった。その後、寧王・宸濠の叛乱に、胡世寧《こせいねい》が敢然としてその奸《かん》を発《あば》き、孫燧《そんすい》はその乱に死し、陽明先生がこれを平定したのであるが、実はこの三人、いずれもこの郷試の同時合格者であった。

会試に落ちて再び余姚に帰った彼は、竜泉山の山寺に詩社《ししゃ》を作って、詩賦《しふ》を楽しんだ。祖父・竹軒先生の伝を書いている魏瀚《ぎかん》は、その父・菊荘翁が竹軒先生とともに吟社《ぎんしゃ》を作った同志であり、自らも布政使《ふせいし》の職を辞して帰ると、毎月の旦（月日、ついたち）には竹軒先生にしたがって遊び、陽明の父・竜山学士とも知り合い、子の一人である朝端《ちょうたん》はまた陽明先生と同じく郷試に及第して、代々懇意な間柄であったが、彼はときどきこの山寺の詩社にも加わって陽明先生と碁を囲み、聯句《れんく》を試みたが、いつも陽明先生に敵《かな》わなかった。詩歌文章は元来、陽明先生の好むところであり、その天分才能も豊かで、彼がいろいろ耽溺した、いわゆる五溺の一つであるが、しかし彼はいたずらに文芸に耽《ふけ》るようなことを内心は潔《いさぎよ》しとするものでなかった。
李夢陽《りぼうよう》や何景明《かけいめい》らが当時の文芸界を風靡《ふうび》したとき、彼も交游して大いに期待されたが、結局彼らの遊戯的文学や放埒《ほうらつ》な生活は、彼の久しく耐え得るものではなかった。高弟・王竜渓《おうりゅうけい》がそのことを端的に指摘しておる。
「弘正（弘治・正徳）の間、京師（都）倡《さかん》に詞章の学をなし、李何《りか》（李夢陽と何景明）その宗を擅《ほしいまま》にす。先師（陽明先生）更々《こもごも》あい唱和す。既にして棄て去る。社中の人相与《とも》にこれを惜しむ。先師笑って曰く、韓柳《かんりゅう》（韓退之《たいし》と柳宗元《そうげん》）のごとくならしむるも文人たるに過ぎず。辞（文芸）をして李杜《りと》（李白と杜甫《とほ》）のごとくならしむるも詩人たるに過ぎず。果たして心性の学に志あらば、顔閔《がんびん》（顔回と閔子騫《しけん》）を以て期となすこそ、第一等の徳業にあらずや。就論立言（論説をつくり、思想を表現する）亦た須《すべから》く一々円明竅《きょう》（良知）中より流出すべし。蓋天《がいてん》蓋地（徹底して）始めて是れ大丈夫の所為なり。傍人（傍にいる人間）門戸比量揣擬《しぎ》する（ごたごたと文句を立てたり、比べ合ったり、ああでもない、こうでもないと推し量る）皆是れ小技なり」（『曾舜徴別言・明儒学案巻十二』）
こう言って陽明先生はついに足を洗うのであります。李何同人の中で異色のあったのは蘇州《そしゅう》の徐禎卿《じょていけい》(字は昌穀《しょうこく》)ぐらいのものだ。彼はわずかに三十三歳で亡くなったが、早くから心を神仙養生の道に傾け、陽明先生にその求道を正し、ようやく正覚に進み、臨終に衣を整えて端坐し、笑って「常事のみ」と語り永眠した。詩人には珍しい。臨終に衣を整えて端坐して、「どうですか」「何かおっしゃることはありませんか」とか言われたんでしょう。にっこり笑って、「やあ常事のみ」と言ったというのです。死ぬなんてことは珍しいことじゃない、常のことである。当たり前のことだと笑って永眠した。いい臨終、いい往生であります。

そのとき、墓銘を陽明先生に請うことを嘱したので、伝え聞いた先生は感動してその墓碑を書いた。今に伝わっている「徐昌国墓誌」がそれであります。

ともあれ、陽明先生は二十六、七、八歳を京師で暮らした。時世を慨して、挺身《ていしん》国事に当たろうとする気概、武芸を好んで、騎射にかけても人に負けまいとする情熱、詩歌風流に情緒の満足を得ようとする要求と同時に、また彼は永遠というものに心を馳《は》せて、神仙の道(長生不死、不老長寿の道)にも強く心を惹《ひ》かれたのであります。それには、早く健康を害して、病と戦わねばならん真剣な問題もあった。そこで当然、老荘や仏教にも思いを潜めて、ついには世を遁《のが》れて山に入る志にも動かされた。これを「陽明の五溺」というのであります。

先生は何事にも徹せねばやまぬ性格であった。後年、体験の真剣味を説いて、「一摑一掌血《いっかくいっしょうけつ》、一棒一条痕《じょうこん》なれ」と『伝習録』に述べて、その気象を躍動させておる。すなわち、一度摑《つか》んだらそのものに血の手形がつくぐらいに摑め、一本ピシリッと打ち込んだら、一生傷痕《きずあと》が残るほど打ち込め、というのが彼の気象であり覚悟であった。うろうろするな、へろへろするなというのだ。後に説く「良知の悟り」についても、

「我がこの良知の二字は実に千古聖々相伝の一点滴骨血《てっこつけつ》なり」

とも言っている。墳墓が真に祖先のものかどうかは、その墓の中の骨に血を滴《したた》らせば、親身の場合はその血が骨に滲《し》み入る、他人では受けつけないという、六朝《りくちょう》時代からの俗信で、まことに深刻であるが、先生の後年のそういう所説は、すべて持って生まれた彼の天資と克己修養の真剣な戦いから生まれたものである。

普通ならば、受験生活などとうてい耐えられなかったであろうが、彼はそうではなくて余裕があり、冷静と着実を失わなかった。そうして、弘治十二（一四九九）年春、二十八歳の年の会試に、首尾よく賜《し》二甲進士に進む。その第七人の上成績で

及第した。こういうことを世俗との妥協とし、これらの問題を放擲《ほうてき》することを高しとして、ときに自己の怠慢や不能を自慢するために陽明学を引用する者が少なくないのであるが、それは陽明学を誣《し》いる者か、誤解する者かである。

すべての偉大なる思想・学問・人物というのは、とかく誤解・浅解・俗解・曲解が多い。特に陽明学ともなると、何だかコツコツと本を読んだり、あるいは世間の礼儀作法などを無視して、人が衝撃を受けるような型を破った言論・行動、思い切った言論に導くというふうに考える人が少なくない。しかしそれは、誤解にあらずんば浅解であります。本当は、いわゆる「平常心是れ道」であり、最も平常の精神でなければならん。したがって、陽明学にしても禅にしても、尋常、常を尋ねる工夫、これに徹する、尋常の覚悟、これが一番の本質・本義なのであります。

第二章

「五溺」と発病求道

就官と発病「独の生活」

さて、進士に及第した彼は、先にも触れたように観政工部、すなわち政府の土木関係事業の監督に配置され、秋には早速、河南省の濬県に出張して、威寧伯・王越の墳墓造築の監督官になった。王越（字は世昌）は同県出身で、戦略に長じ、よく部下を統御して大功のあった当時の名将であります。この工事に際して、彼は多くの作業員を操縦するのに、かねて潜心研究した兵学を適用してみごとな成績を挙げ、識者に彼が常人《ただもの》でないことを認識させた。彼は年少のころ、武勲赫々たる威寧伯から宝剣を与えられた夢を見たことがあった。ゆくりなくその人の墳墓を造築する監督に当たったのであります。工事が竣《おわ》ると、威寧家はお礼に金幣《きんぺい》（金貨）を呈したが、もちろん彼は辞して受けなかった。それではと、故将軍の佩剣《はいけん》を記念に贈られ、彼は、かつての夢を思い出して感動した。彼にはそういう霊的な体験が少なくない。彼が夢を見たのは年少のころだから威寧伯も何も知らん。その威寧伯から宝剣を与えられた夢が、ゆくりなく現実になった。こういう霊的な体験がたしかに少なくない。進士の試験を受けたときにもありました。

ところが、この工事の間に彼はある日、馬から落ちて吐血したことがあった。これは彼にとって重大事で、後年の肺患に大きな関係があることと思う。早くも翌々年の弘治《こうち》十四（一五〇一）年三月、三十歳のときに発病、咳嗽《がいそう》（せき）に悩み、医薬や灸治《きゅうじ》でいくらか快《よ》くなったが、その間刑部《けいぶ》主事（司法官）に任じ、雲南関係の問題を取り扱わねばならなくなり、仕事がはなはだ繁劇《はんげき》であった。医師は服薬療養を勧めたが、気力の旺盛《おうせい》な彼はむしろ医薬を斥《しりぞ》けて病に打ち克《か》とうと努力した。しかしそれは失敗で、病を拗《こじ》らせてしまい、ついに翌十五年春三月、養病を乞う願書（疏《そ》）を提出して、官を休《や》めねばならぬことになったのであります。

その疏の中に、

「先民（先代の人々）言うあり、忠言耳に逆《さから》うも行に利し、良薬口に苦きも病に利しと。臣のこれを致せしは（病気になってしまったのは）則《すなわ》ち是《こ》れ医者の逆耳《ぎゃくじ》の言を信ぜずして、口に苦きの薬を畏《おそ》れ難《はばか》りしの過《あやまち》なり。いまこれを悔ゆと雖《いえど》も、それ能《よ》くすべけんや」といっている。

このとき、陽明先生まさに三十一歳。それこそ而立《じりつ》の秋《とき》にもかかわらず、かえって倒れ、逆に而倒《じとう》になってしまった。そうして故郷に帰らざるを得なかったのであるから、その苦悩のほど察するに余りがあります。しかし、山紫水明で聞こえた故郷・越《えつ》の風物は、彼の思索や詩情にはありがたい母の懐でありました。

年譜によると、このころ、彼は室を陽明洞中に築いて、導引の術を行うたとある。導引の術とは道家の養生法であります。しかし、清朝初期の碩学《せきがく》である毛奇齢《もうきれい》（字は大可）は同じ浙江省蕭山《しょうざん》の人であるが、『年譜余輯』に、

「公晩《ばん》に会稽山《かいけいざん》陽明洞の名を愛し、因《よ》って陽明子と号す。按《あん》ずるに会稽は則ち是れ苗山《びょうざん》（会稽山の別名）、皆洞壑《どうがく》（洞窟《どうくつ》と谷）なし。凡《およ》そ禹穴《うけつ》・陽明洞の類、祇《ただ》是れ石罅《せきか》（石のくぼみ）、並に足を託する処《ところ》なし。旧誣《むかしいつわ》るに道人書を洞中に授くるを以てす。今伝を作る者且《か》つ学を陽明洞中に講ずと曰《い》うは則ち妄《もう》（でたらめ）極まる」

と記している。地理に詳しい毛奇齢はこう指摘しているのであります。陽明が室を洞中に築いたのではなくて、この辺の風物を愛した陽明が、室を出ては、従游の士と散歩逍遥《しょうよう》の間に学を論じ、いわゆる詠じて帰ったのでありましょう。それがいつのころからか洞窟の中で坐禅《ざぜん》したとか、書を読んだとかになったわけですが、私はこの毛奇齢の言うことが、確かだと思います。

それから翌年へかけての一年が、いわゆる「五溺」のうち、最も深刻に老荘道家と仏説に耽溺した時代であります。人間はさまざまな欲望や思想をもって生きるものであるが、その根本に常人の気のつかない意志がある。それは何事によらず、特にわれわれの生きるということ自体、いかなる意義があるかということを確かめたいという本能である。この人間として、本質的・根本的な意志を自覚するとき、一切は不要であり、疑惑である。知性はこれに解決を発見しようとする。しかし知識や理論の容易に及ぶところではない。ここが大事なところであります。思索・学問・信仰など千径《せんけい》万径きわまりないが、そもそも知性というものの実の魅力は、一つの安易性、イージネスにある。それは現実の限りない複雑性に代えるに、解釈という都合のいい分析や綜合《そうごう》を試み、生という惑いに充《み》ちた現実に対して、簡単な答案を書くことである。親子・兄弟・親族・隣人・朋友《ほうゆう》・世間と親しく平和に生きることよりも、道徳や信仰を研究して、それらのことに関する知識や理論を組み立てるほうが、実は比較にならんほど簡単で容易なことなのである。

　それを世間の人はまったく逆に考えている。道徳や信仰を研究して、それらに関する知識や理論を組み立てることのほうが、親子・兄弟・親族・隣人・朋友・世間と親しく平和に生きることよりもずっと簡単で容易なことだということが本当にわかったとき、人間は初めて道徳や信仰を研究する資格ができるというものでありまず。道徳や信仰を研究して、俗人にわからんような知識や理論を生む、あるいは自分で作り上げるのは大学者・大哲人のやることだと考えておる。そうじゃないのであります。

同様に、いくら遠大な政策を立案しても、人々の心、ことに、重要な地位にある人々の心境、利己的打算、先入主《せんにゅうしゅ》となっている偏見、伏在《ふくざい》する強迫観念、誤解している理論、知らず知らずの間に存する生活の悪習慣、あらゆる虚偽・不徳を正すことなしに、たしかな実現を期待することはできない。

間然《かんぜん》するところのない、文句のつけようがない、理想社会の設計を周到精細に立案してみても、否、仮にそういう社会組織が実施されたとしても、これで果たしてわれわれは満足できるであろうか。答えはもちろん否であります。

イギリスの哲学者・経済学者として有名なジョン・スチュワート・ミル（一八〇六〜一八七三）に『ミルの告白録』という自伝があります。その中で彼は告白している。ミルは十五歳ごろから、理想社会の問題を考えだした。そしてその改革者たらんことを志した。ところが、二十歳の年（一八二六）の秋に、何ともいえない一種のアンニュイ、倦怠《けんたい》、憂鬱《ゆううつ》に陥った。そしてあるとき、自分がいままで打ち込んできた理想社会というもの、ユートピアというものが実現すれば、お前は自ら満足するかと自問をした。彼の良心は答えた。「ノー！」と。

そんな理想社会ができてみたところで、ミルは、ミル、その理想社会の出現によって、彼自身は別に何も偉大になるのでも何でもない。これは、彼自身とは別個な問題である。理想社会の設計なんていうのはいくらでも立案できる。公害の解決なんていうのもいくらでも考えられる。どんな対ソ政策でも対中政策でも、国際連合対策でも何でも、立てようと思えばいくらでも立案はできる。しからばそういう政策ができたら、実現されるか、達成されるのか、これは全然別個な問題なのでありま す。

本当の政治というものを決するのには、その政治に当たる重要な地位にある人々の心境、その利己的打算、先入主になっている偏見、伏在する強迫観念、ああすれば、こう言えば、どういう目にあうのではないか、何とか言われやせんかという強迫観念、誤解している理論、知らず知らずの間に存する生活の悪習慣、あらゆる虚偽、不徳を糺《ただ》すことなしに、本当の世の中というものは実現することは期待ができません。

間然するところのない理想社会の設計を周到に、精細に立案してみても、それは要するに空文である。仮にそういう社会組織が実施されたとしても、それで果たしてわれわれは満足できるであろうか、答えはもちろん否であります。

孔子の、「甚しいかな吾《わ》が衰えたるや。久しいかな、吾れ復《ま》た夢に周公を見ざること」（『論語』述而篇《じゅつじ》）という有名な言葉も、私は論語学者の通説に止《とど》まらず、独り密かに、孔子が周公を範とした熱烈な理想国家の建設に燃やしつづけてきた情熱の衰えを歎じたようであって、実はむしろ学問求道の本体に徹してこられたことの独言と思えてならないのであります。

孔子もまだ若いころは、改革者らしい理想、情熱をもって周公を理想の人物として、いろいろ理想社会の実現、理想国家の建設というものに情熱を燃やしておりました。これはよく理解できます。けれどもようやく多年の経験を積み、学識も深くなり、仮に理想の社会制度・国家制度という組織がつくられたとしても、それでお前はどうなのかとなると、まったくミルの場合と同じことであります。それはそれ、自分の満足、良心・霊魂の満足とは、これは別交渉である。孔子も歳をとって、ようやく自分が深くなった、実際的になってきたわけであります。

陽明先生も、「五溺」というつまりは覇気と情緒と解脱の満足を外に求めた果てに、ようやく本来の自己に返り、「古《いにしえ》の学者は己を為《おさ》む」という『論語』（憲問篇）の真実に徹してきたものということができるのであります。本当の自分を作るということの反映が、環境・社会の建設にならなければならぬ。自分というものを棚上げにして、いくら社会改造、理想社会の設計図を描いてみたところで、設計図だけでは家にならんのであります。住めんのであります。この真理がわからない人が非常に多い。

昔から改革者、革命家、あるいは宗教家、信仰家で、しばしば隠遁《いんとん》をしたり、あるいは現実に携わっておっても壺中《こちゅう》の天に遊ぶ、つまり世の中と離れた自己の内面の世界に遊ぶとなるのは自然の道筋であります。学問と人生の最もデリケートなことです。こういう一種の深遠な否定を通って、初めて現実の確かな建設に進むことができる。陽明先生の「五溺」はその意味でも非常に有益なものであった。それを通じて彼が到達した境地は容易ならぬ貴いものであり、権威あるものであったことが認識されるのであります。やはり陽明先生は偉人であると心から認識される。それとともに、学問修養、教養とは深遠にして偉大なものだということもしみじみと味わうことができます。

特に教育者、あるいは本質的な意味における為政者、政治家、宗教家などすべてそういう真剣な問題と取り組む人々は、やはり内面生活というものを持たなければなりません。内面生活、あるいは東洋流に言えば「独の生活」となりましょう。この「独」はオンリーワン、アローンという寂しい意味の孤独の独ではなく、「絶対」という意味であります。昔から東洋の学問、宗教、あるいは詩歌に、しきりにこの独という字が出てくる。これは孤独の独という意味ではなくて、絶対という意味である。独立ということは、これは独り立ちすること、自分独り、世の中がどうであろうと、他人がいかにあろうが、何物にも頼らずに自分自身に徹して生きて行く、独立とはそういう意味であります。

独立国スイスのいわゆる中立とは、利己的・打算的にどちらにも与《くみ》しないで真ん中にあるという意味ではなく、自らの信ずるところに従って独自の絶対的境地に立って行くことです。それが侵されれば国を挙げて要塞《ようさい》で防衛するし、全国民が軍人で、一朝有事の時には総動員される。最悪の場合は、国を挙げて犠牲になる。こういう徹底した中立で、いわゆる独自、絶対的信念と境地に立って行く絶対的進歩という意味であります。国木田独歩《くにきだどっぽ》の「独歩」も、群を離れてロンリー、あるいはアローンに生きるという意味ではない。何者にも頼らん、自己に徹して、絶対に生きるということ。国木田独歩はどちらかというと、ロマンティックな寂しがりや、いずれかと言えば弱い人であったが、良い号をつけたものだと思う。一面において、独の思想を抱いておったものとみえる。それだけに独歩の文章、独歩の作品の中には、ときどきわれわれも魅せられるものがある。

日本もこういう独立ができるだけの信念と哲学を持たなければなりません。そこから政治政策、経済政策、思想政策、何でもここから打ち出してくればいいのである。しかし現実は、非常に惰弱《だじゃく》な利己的打算から観測して、あっちへ着いたりこっちへ走ったりしていたら、世界で日本ほど弱い立場はない。いま欲しいのは、本当に優れた哲学、信念と真に蒼生《そうせい》・万民を託すに足る、真に時代を創造するような為政者・国家指導者の出現であります。それが得られない間は、お互いに学問するほかないと私は信じておるのであります。

「従吾の学」への徹悟

陽明学とは今日の人間が考えるような単なる知識・議論の学ではありません。最も大事なことは、身心の学問、われわれの身、われわれの心をいかに修めるか、根本の学「身心の学」というべき活学なのであります。よそ行き学問、単なる知識とか理論の問題じゃない。自分の体、自分の心、心が体であり、体が心ですから、そういう身心の学問であります。

例えばわれわれの指など、いかにも枝葉末節と考えるけれども、この一番の枝葉末節であるこの指は実に微妙なものである。尊いものである。「指」という字は非常によくできておる。「手偏（扌）＋《プラス》旨（うまし、デリカシー）」と書くように、人間の手の指というのは、最もデリケートなもので、その感覚というものは、非常に発達しておる。だから触診、指で触れてお医者さんが診察する。触診が優れなければ名医じゃありません。名医ほど指で触れて病気がわかるわけです。だから、ちゃんと手偏にデリカシーという字をつけて、指という字ができておる。指針、指さす針と書いて指針、本当に指針を与えるというのは、これは何も指で方向を示すというだけじゃなく、もっともっと深い意味があるわけです。

われわれの体というものは、指の先から足の先まで本当に大切であって、足という字を「足る」と読む。手とか足とか指、これは身の末端でありますが、この末端がもっともデリケートなものです。だから肉体というものは、そんな唯物主義者のいうような簡単なものでない。実に微妙な、ある意味においては霊的なものです。身は心で、心が身になっておるんで、身心は一如《いちにょ》である。身にならない心、心にならない身というものは元来ない。したがって、身の学問はそのまま心の学問であり、心の学問はそのまま身の学問で、身心は心身と書いてもいい。しかし、これを会得するのはなかなか大変です。やっぱり人間はある年齢になり、ある程度まで学問して行かんと本当にわからなくなってしまう。だから「身心の学」というのは、これくらい簡単にわかるものはないのですが、それでいてなかなかわからない。このごろは、念力で釘を曲げるとか、えらい珍しそうに言うておるが、あんなことは他愛ないことであります。世の中には曲がるどころか、心次第であらゆる善行もあらゆる悪行もなされているので、釘が曲がるなんて他愛もないことであります。それはともかく、概念や論理じゃなくて、本当の学問というのは、身心の学でなくてはならん。特にあらゆる聖賢の学問はそれを教えておるのですけれど、それをとりたてて力説したのが、陽明学の一つの特徴であります。

陽明学はまた同時に「従吾の学」と言われております。孔子も、「吾が好む所に従わん」（『論語』述而篇）と言うておるが、学問が自分の最も好むところにならなければならぬ。学問が好きでならない、こうならなければ本当の学問ではない、これがまた非常に発達した思索であります。嫌々やっているような学問では本物ではない。要するに、お前はいま何が欲しいかと聞かれたときに、学問が欲しい、何が一番好きかと問われたら、学問が一番好きだと、こうならなければ本当の学問ではない。そして、学問には四焉というものがある。『礼記《らいき》』の中に「焉を蔵《おさ》め、焉を修め、焉を息《いき》し、焉に游ぶ」とある。学問というのは、これを修《おさ》めっぱなしでは何にもならない。それを体の中に入れて、そうして息する、呼吸する。息をしておるように、学問が息にならなければいけない。そうすることによって、長江大河が悠々として流れていくような「游《ゆう》」という段階に入る。息游《そくゆう》であります。

つまり、われわれの学問は「身心の学問」であり、結局、辛いとか厳しいとか言うのではなくて好むところとなって、身心の学は、言い換えれば「従吾の学」ということになる。この辺りに、陽明学の何とも言えない良さがあるわけです。

その後、陽明先生の健康は小康を得るようになり、弘治十七（一五〇四）年、三十三歳の八月、教学に縁の深い山東《さんとう》の郷試《ごうし》に際して、その主考、すなわち試験官に招聘《しょうへい》されました。山東と言えば古の斉《せい》・魯《ろ》・宋《そう》・衛《えい》の地で、孔子の郷であり、その門人高弟はたいていこの地方の出身者であります。陽明先生は一度、その山川の霊秀奇特なるを観に行きたかった。そして、おそらくその間に当時の人物のような人材が必ず出ることであろうと期待しておったのであります。考試の職はもっぱら適材を選任する建前であったが、事実は三、四十年来というもの因襲的に文教関係者ばかり任用されて、宿弊《しゅくへい》があった。それで新たに北京と南京と両京の大臣が、その管下《かんか》の役人の中から学問文章の令名《れいめい》ある者を選び、省ごとに二名を派遣して主考にしようという建議があったけれども実施にはいたっておらなかった。陽明先生が選任されたというのは、それがいよいよ実現したということであります。

余談になりますが、毛沢東の中共政権が打ち出したスローガンの一つに「百花斉《せい》放《ほう》、百家争鳴《そうめい》」というのがありました。この鳴放運動のときに、山東の曲阜《きょくふ》（孔子の郷里、孔子を祀《まつ》る聖廟《せいびょう》がある）に、毎日毎日陸続《りくぞく》としてお参りが始まった。これには毛沢東が驚いた。日本で言えばお伊勢《いせ》さんを偲《しの》ぶように、一日に三万人を超える人々が孔子の故郷につめかけた。これには非常に驚いて、毛沢東は「これはいかん」とすぐ運動を撤回したんです。教え、道というものは微妙なもので、ごまかしが利かない。だから、批林批孔運動で曲阜や聖廟をいくら破壊しても、一時の権力である程度は行われますが、やがてこれは何もならん。またもとに返るのであります。

批林批孔《ひりんひこう》運動のとき、林彪《りんぴょう》は長男だというので、林老大《ラオタア》と言われていました。一方、孔子は次男坊で腹違いの兄さんがある、それで孔老二《ラオアル》と言われました。そして地方の共産党の幹部の集まりで、雲南か四川かどちらかでしたが、共産党の集会で、「林老大、林の長男坊はやっつけられて死んだそうだ。孔の次男坊はまだらしいから、此奴《こいつ》をやっつけなきゃならん」と、孔子を林彪と同じ時代の人間と思って、真面目《まじめ》になって議論をしておるというのであります。いいかげんなと言うか、素朴なのかまさに噴飯《ふんぱん》ものであります。何よりも儒教は何千年も続いてきた思想・哲学であるだけに、毛沢東ごときのスローガンで簡単に処理できるものではないのであります。

かくして、陽明先生は図らずも平生の願いが達成されることを大いに喜んだと同時に、新たに人材を求める仕事であるから、責任が重い。平生の大幸と同時にまたひそかに大懼《たいく》ありと、その『山東郷試録』に記しておる。人材を逸して国家の大損失を招くのではないかと畏れるのであります。この一篇は実に先生の抱負経綸《けいりん》を叙述した大文章で、ようやく彼が自家の真面目《しんめんもく》を発揮する段階に達したことを示すものです。

その中で特に、当時の論争の的であった仏老二学（仏教と老荘思想の対立）について、陽明先生は、

「仏老が天下を乱るのではない。それは仏老の徒の罪であり、結局、聖人の学が明らかでないからである。いたずらに二学を論難するのは本を知らざるもので、吾が夫子《ふうし》の学は、まず自ら治めて、しかるのち人を治める。伊尹《いいん》の志を志し、顔子《がんし》（孔子の弟子・顔回）の学を学ぶことに努めねばならない。天下の患は風俗の頽靡《たいび》してしかもそれを自覚せぬことより大なるはない。今の風俗の患は流通（通りのよい）を務めて忠信を薄んず。進取（うまく利用して）を貴んで廉潔を賤《いや》しみ、儇狡《けんこう》（狡《ずる》く、

すばしこい）を重んじて朴直《ぼくちょく》を軽んずる。文法（法令制度）を議して道義を略（おろそかに）し、形迹《けいせき》（形跡）を論じて心術を遺《わす》れ、和同（付和雷同）を尚《とうと》んで、狷介《けんかい》を鄙《いや》しむ。その習染《しゅうぜん》は已に久しい。郷愿《きょうげん》（好い子になろうとする偽善者）はまことに徳の賊である。今日人の上たる者にはただその誠のないことだけが心配である。いやしくも風俗の振作《しんさ》を誠心《まごころ》からすれば、天下は必ず共鳴して呼応するものである」

と堂々と論じておるのであります。伊尹はご承知の通り、周の一つ前、すなわち殷《いん》王朝の開祖であります湯王が三顧の礼をもって迎えて、宰相とした人物でありま す。そうして夏《か》王朝の暴君・桀《けつ》を滅ぼして天下を平定し民を救った有名な人です。「阿衡《あこう》」とも称《たた》えられました。阿は親愛の称で、衡は嘘《うそ》偽りのない秤《はかり》の竿《さお》、いまでも中国では宰相のことを阿衡と言いますが、伊尹はそういうリーダーでした。伊尹は百歳の長寿を全うしたと言われており、彼が死んだとき、天子の礼をもって葬られたと伝えられている。『孟子』では、

「伊尹曰く、予《われ》は天民の先覚者なり。予将《まさ》に斯《こ》の道を以て斯の民を覚《さと》さんとす。予之を覚すに非ずして誰ぞやと。その自ら任ずるに天下の重きを以てすること此《かく》の如《ごと》

し」

と記述されておる。大臣が天子の礼をもって葬られたというのは、歴史上おそらくこの伊尹だけでありましょう。とにかく、よほど偉い人物であり、よほどの信任と尊敬をかち得た人のようであります。こういう世の中であればあるほど「阿衡」がないといけない。民主主義、民主政治になるほど、逆に宰相・阿衡が必要であります。

陽明先生の見識は実に要領を得て、このまま今日の問題であり、今日活用ができる。現代の急務として、また名器（官職）の太濫《たいらん》（甚《はなはだ》しいでたらめ）、選用の太忽《たいこつ》（人事行政のひどい間に合わせ主義）、求効の太速（速効を求めすぎる）という三つの弊害があります。親藩政治の統一充実。明《みん》は太祖が反乱を恐れてむやみやたらに親族の子弟を藩に封じました。徳川が尾州《びしゅう》藩、紀州藩、水戸藩といったようなものをむやみやたらにつくったのも同じことです。もちろん子供の数も二十何人かあった。親藩政治の統一充実、軍隊の地利人情に順《したが》う編成配置、国境守備の強化充実、冗官《じょうかん》の整理・事務の簡捷《かんしょう》・賦税《ふぜい》の簡明公平等の諸問題。……陽明先生はこれらのことを列挙して痛論し、特に聖賢の学を「心学」と称して、その体得実践を力説しているのは、注目すべきことであります。

波瀾万丈の生涯の始まり

弘治十八（一五〇五）年のことであります。三十四歳になった王陽明先生は人生の大いなる転機に際会《さいかい》しました。これより彼の波瀾《はらん》万丈の生涯が始まります。まずこの年の夏五月、孝宗高弟の崩御という大事があった。孝宗（弘治帝）とその父・憲宗（成化帝）の時代、合わせて四十一年間は明王朝の比較的平和な盛時でありました。しかし、内政の禍根《かこん》はすでに深かった。その由来はそもそも開国創業の英主、太祖・朱元璋《しゅげんしょう》（一三二八～一三九八）にあると言わねばならん。朱元璋という人は歴史上の革命建設の人物に比較するならば、毛沢東ないしはスターリンに一番よく似ておる。朱元璋は、貧農の家より出て、それこそ文字通り赤手空拳《せきしゅくうけん》、元《げん》末の乱に乗じて天下統一の覇業を成し遂げた。一時は紅巾《こうきん》の乱にも身を投じております。紅巾の乱は、中国で言う宗教匪賊《ひぞく》、民間宗教の非常に発展した教団の革命運動といいますか、政権打倒運動に展開して、一時はまったく時局を混乱に陥れた代表的な反乱であります。貧乏寺の小僧であった朱元璋はすばしこくこの乱にも参加して天下の動静をうかがっていたのでありましょう。

この朱元璋については、日本とも非常におもしろい関係と言うか、逸事がありました。そのころは彼が天下をとって洪武《こうぶ》を元号としてからもう十三年が過ぎておりました。日本では南北朝時代のころです。元の世祖・フビライのように彼は一時、大いに日本に食指《しょくし》を動かした。野心をもって痛烈な脅迫的な通告などをよこしてお るのですが、何しろ日本は南北朝の動乱時代でそういうものに対して応接にいとまがない。交渉の余裕がなく、非常に毅然《きぜん》としてこれを拒否しておる。それに苛立った洪武帝は、さらに脅迫する威嚇状を発するのですが、それがどういう筋か、九州の征西府《せいせいふ》の懐良《かねなが》親王の手元に届けられた。するとどうか。懐良親王の名で、誰が書いたのかよくわかりませんが、実に堂々と、しかも痛快きわまる返書というより、むしろ応戦状を返しておられる。向こうの威嚇を峻拒《しゅんきょ》して、われわれは、坐して敵を待つものでない。希望とあらば、進んでそっちへ出かけてやろうじゃないか、

「賀蘭山《がらんさん》前に相逢うて、いささか以て博戯《はくぎ》せん」

と放胆な返事をしておる。賀蘭山は中国の鬼門であります。希望とあらば、その

鬼門の前まで出かけて一博打やってもいいぞ、と言うのにはさすがに明の太祖も驚いたことだろう。もちろんこれは無茶な話で、賀蘭山というのは地理的には日本と明の関係から言えば、とんでもない方角違いであって、何とも突拍子もない心憎い名文であった。太祖が大いに腹を立てたことが目に見えるようだが、元のフビライの先轍《せんてつ》でも気にしたのか、なぜか太祖は日本征服を諦《あきら》めたらしい。

もちろんその前にも、太祖すなわち洪武帝にとっては非常に嫌なことがあった。これは覇者、あるいは奸雄《かんゆう》の常として猜疑《さいぎ》心や忌憚《きたん》の心が強くなる。天下を取るまでは同志として、あるいは君臣として相い依り、相い助け合った功臣宿将、軍部の同志や家来たちを、王位について天下を一統すると今度はそれが非常に苦になる、癇《かん》に触る。幸いに俺《おれ》は天下を取ったが、此奴らがまたひっくり返すんじゃないかと猜疑心が強くなる。覇者と猜疑心とは常に影が形に添うように相い伴うもので、昔から革命建設の英雄でこういう猜疑心や深刻な疑惑、忌憚、そういう心理を持たなかった者は滅多にない、寥々《りょうりょう》たるものであります。スターリンも毛沢東も皆しかりです。

そこへいくと、唐《とう》の太宗とか蜀漢《しょっかん》の昭烈皇帝、清の康熙《こうき》皇帝などは偉い。特に康熙皇帝などは哲人といってもいい人でありますが、明の太祖のごときは、猜疑心の最も深刻な人物で、いかにも成り上がり者であります。実によく人を疑い、人を憎み、そうすると手段を選ばず、粛清《しゅくせい》を試みた。そして、徹底的に功臣宿将の弾圧・殺戮《さつりく》をやりましたが、その中でも最も代表的なものが胡藍《こらん》の獄で、胡惟庸《こいよう》という宰相、藍玉《らんぎょく》という将軍を粛清・誅戮《ちゅうりく》いたしまして、胡惟庸のときには約三万数千、藍玉のときも一万数千、合わせて五万以上の人間を誅殺《ちゅうさつ》しました。ところが『明史』を読むと、胡惟庸が日本に款《かん》を通じておったということが書かれておる。ちょうどそのころ、倭寇《わこう》が盛んで、倭寇を逆用して、自分の革命行動に参加させようと謀《はか》ったらしい。この胡惟庸の誘いに応じて、日本からのこのこと、何とかいう僧侶が代表で朝貢、つまり表向きは新皇帝、新政権の洪武皇帝に修好する使節がやってきた。数々の献上品をしこたま持ってきたのだが、その中に大きな蠟燭《ろうそく》の束があった。その蠟燭の中には剣を仕込んであった。そして謁見式のときに、その蠟燭を割って剣を取り一斉に皇帝側近を誅殺する計画であった。時に洪武の十三（一三八〇）年。それが胡惟庸の謀叛《むほん》ということに暴露され、粛清されたのである。いま考えてもよくわかりますが、ちょうど林彪や同志が粛清されたように、胡惟庸もまた誅殺されたのであります。これがいわゆる胡藍の獄で五万数千という人が一斉に誅殺されました。

これを上陸して初めて聞いて、日本からの使節はさっさと引き返しておる。一方、さすがの朱元璋も怖《お》じ気づいたのかも知れない。背筋が寒くなったんだろう。この懐良親王の、

「賀蘭山前に相逢うて、いささか以て博戯せん」

というとんでもない返書を手にして大いに腹を立てたけれども、薄気味が悪かったのか、ついに日本侵略は諦めた。明はそういう日本とのおもしろい因縁も建国の初めにあったわけであります。歴史というものはおもしろいもので、当時のあの日本が動乱の中にありながら、とんでもない横着なというか、あるいは気概に富んでおるというか、実に不敵の面魂《つらだましい》というものが躍動しておる。中には、日本が動乱時代であったからこそ、かえってそんな返書を突きつけることができたんだ、安定した政権であったら、震え上がってしかるべき妥協をしたかも知れんという人がいますが、理屈というのはどうでもつくもので、私はよくぞ大それた大言をしたものだと思うのであります。

ともかく明の太祖・朱元璋は貧農の家より出て、それこそ文字通り赤手空拳で、元末の乱に乗じて天下統一の覇業を成し遂げました。しかも孜々《しし》汲々《きゅうきゅう》として書を読み、学を修め、漢民族の文化国家を建設したのであります。この点は感心せざるを得ません。実によく勉強した。そして、政治的にも国家的にも最も助けたのが、あの有名な劉基《りゅうき》であります。太祖を補佐して覇業をなさしめたばかりでなく、この人は経史《けいし》に博通し学者としても、政治家としても、また文章家としても、実に卓抜した人でした。太祖自ら師弟の礼をとって、常に老先生として敬重しておった。非常に敬っておった。しかし天下統一なった後、太祖はこの劉基先生に対してすら、次第に警戒するようになり、それを厭《いと》うて劉基先生はすっかり隠居してしまった、隠遁してしまった。しかし、隠遁しても、かつての部下・同志たちが劉基先生の所に何やかやこそこそと行きやせんかと疑って、絶えず身辺を偵察させておった。それから太子の師傅《しふ》として仰いだ宋濂《そうれん》までが非常に警戒して太祖と事を構えないように、実に神経をとがらせておった。『明史』のその間の記事をいろいろ見ますと、まさにスターリンの晩年や毛沢東の末期の状況がもう手に取るように感じられます。歴史というものは、大して変わらんものであります。人間がそう変わらんものですからちっとも珍しくありません。

ところで、この明の太祖と毛沢東と比べますと、一つおもしろい相違がある。それは、毛沢東の細君・江青《こうせい》はとんでもない野心家で、今度の文化大革命などでは、主役を演じておりますが、明の太祖・洪武皇帝の高皇后は、これは非常にいい人でした。いわゆる淑徳というか、皇后になっても少しも傲《おご》らない。もう昔の貧乏生活時代そのままで、着るものでも何でも少しも贅沢《ぜいたく》をしない。そうして実によく書を読んで勉強をしまして、陰に陽にこの太祖、自分の亭主を実によく諫め導いておる。明の太祖もこの皇后には一目も二目もおいて、非常にこれを尊重しておった。しかし、当時のことでありますから、彼は女色のほうも盛んなもので、子供が二十四人おりました。

彼は官僚・軍閥を抑える反面、二十四人の子供をすべて親藩に封じて優遇した。特に北京からずっと北の国境に沿って、有力な子供たちをそれぞれ分封しまして、実権を与えた。老先生と呼んで傾聴した劉基にさえ猜疑心を抱いた太祖はついに宰相をおかず、万機を親裁し、顧問に内閣大学士を置き、軍権の集中を排して、五軍都督に分割支配し、官僚組織を整え、官吏試験制度を重くして、人材を直属官僚に集め、「皇明祖訓」というものを作って全国に頒布《はんぷ》した。そういう意味でも『毛沢東語録』を頒布した毛沢東の行動とすこぶる似たところがあります。

このように朱元璋は軍や官僚が謀叛を起こさないように、徹底的にこれを抑圧、骨抜きにいたしました。ただ北方の蛮族の侵略については骨身に堪《こた》えておって、北方の国境線だけは、非常な重きを置いてこれには相当の武力を与えました。まず第一には北京（燕《えん》）であります。ここには第二王子の燕王・棣《てい》（後の第三代の永楽大帝）を封じた。そして自分が亡きあとも孫の二世皇帝・建文（恵帝）の、それこそ文字通り有力なる藩屏《はんぺい》にしたのであるが、何ぞはからん、一番頼みにしたこの燕王・棣が、その甥《おい》、すなわち太祖の孫・建文帝を打倒して、第三代の永楽大帝となってしまいました。

道衍・袁珙・劉瑾の厄

人間の考えることということのは、よほどうまくやったつもりでもなかなかそうはいかんものです。上手の手から水が漏れるということもあるが、太祖はもうかつての文・武の功臣宿将を実に至れり尽くせりで権力を奪取して、これを頤使《いし》したのです。毛沢東などは、よほどこれを勉強しておるんじゃないかと思われます。

中でもおもしろいのは、軍司令官にも必ず政治監督をつけている。しかもそのお目付役には治国平天下をもって任ずる儒者よりも、道士（道教の修行者）や僧侶をつけておることです。これはいままでの歴史にない、変わったことであります。

燕王・棣にも道衍《どうえん》という禅僧とその友達の袁珙《えんこう》という人相見の大家をつけておる。これは非常な異人、このごろの世の中なら大いにもてそうな、異常なる能力を持った人物で、特に観相に長じておった。号は柳荘。白日太陽を凝視して、それで目をつぶして人の相を観るのです。百発百中、恐ろしいように人を観た。この二人を、燕王・棣の側近に侍《じ》させて、彼を監督指導させたのですが、太祖の思惑はみごとにはずれ、袁珙は進んで燕王・棣の革命を先導し、ついに大成せしめるにいたった。

あるとき、道衍がいろいろ反問をしておる燕王・棣に、

「われわれはあなたに白い帽子を被《かぶ》せてあげましょう」

と言うた。

「白帽を被せるとはいったい何だ」

と燕王・棣は首を傾《かし》げる。

「王に白い帽子を被せるとは『皇』になること。皇帝にしたてあげることです」

つまり、革命反乱を徐々に煽動《せんどう》していったのであります。道衍をして、この燕王・棣に革命児を確信せしめた一つの力は、袁珙の観相で、袁珙が、燕王・棣を観じて、

「この人帝たるべし」

これはりっぱな皇帝の相であるというので、しきりにこの両人が燕王・棣の革命・謀叛に情熱と自信を与えたのであります。

白日に太陽を凝視して目をつぶし、観相ができるのかどうか、そのこと自体は今日の眼科医学から言うなら不思議なことでありましょうが、これに似たような人物が、日本に一人おって、私も知っております。東京・中野に茂木平太郎という人物がいまして、これはやっぱり異人であった。袁珙のようにすごい革命の先導をやろうというような異人じゃないが、とにかく異人だ。暗室で蠟燭に火をつけて、そして蠟燭の火をじっと見て目をつぶして、それから人を観る。人相ばかりでなく、書状の白紙やハンカチのような布を、心臓に半時間ないし一時間くらい当てさせて、

それを蠟燭を凝視した目で観る。彼の説によると、人間の霊度というものを観るのだそうだ。そしてそこに出てくる何か徴候によって人を判ずる。経歴でも、性格でも、何でも気持ち悪いぐらいによく当てたらしい。

そこで次第に問題になって、警視庁が警戒しまして、これを禁止しようとした。善良な市民に異常な反応を起こしたら危険だ、株を観てこれが相場だなどと言われたら、どういうことになるかわからんと禁止しようとした。しかし、禁止するには、とにかく一度視察しなければならん。何人も刑事が乗り込む。そして観てもらう。観てもらった奴が、どの刑事もどの刑事もみんな舌を巻いて驚嘆して、あれは「偉い」ということになった。

そのときの刑事部長だった男、戦後は衆議院や参議院の議員をしておりました相川勝六氏が、「よし俺が行って調べる」と乗りこんだものの、これがすっかり参ってしまった。その後、ふらっと近所を通る、茂木が街角まで出て、お待ちしていましたなんて言う。なんでわかるんだと言ったら、それくらいわからんでどうしますかと言われて、ますます参った。私も本人と直接に話をしたが、凄《すご》いほどに当てる。私が非常に親しくした人で、大正時代に『国訳漢文大成』『国訳大蔵経』あるいは

『国訳資治通鑑《しじつがん》』などを刊行して出版王といわれた鶴田久作氏も舌を巻いていた。彼の実弟が東京帝大の眼科医で草間眼科といって有名でありましたが、この草間さんが病気になりまして、内科や同僚の医者が幾人も診るけれどわからない。結局手術をするということになった。兄貴の鶴田さんがハンカチか紙かを一時間ほど当てさせて、こっそり茂木氏の所に持って行って見せたところ、

「お気の毒だが、もうこの人は命がありません。これは、肝臓が完全にやられておる。八月の何日ごろが終わりです」

と言われた。それでびっくりして帰って、主治医に内々で、実はこういうことがあって、こんなことを言われたと報告したら、医者たちは皆笑った。ところが、手術をして開いてみたら、茂木氏が言うた通り、肝臓がすっかり駄目になって、彼が言うたのとちょっと時間が違っただけで、ピタリとそのときに亡くなった。宇垣一成さんも見てもらったそうだ。果たして宇垣内閣ができるかどうかというときだった。彼は宇垣さんをじっと観ておる。もちろん宇垣一成ということも知らない。

「誰かわからんが、これはなかなか偉い人で運勢も盛んだ。しかし、惜しむらくはどことやらに曇りがあって、この人は、ここ一番という大事なときに駄目になる。

だから、志が挫折《ざせつ》する運命で惜しいことだ」
と言ったそうだ。果たせるかな、宇垣内閣が流産したので、鶴田さんはますます
びっくりした。そういう人物もおるので、それから察しても、袁珙という大陸的な
人物が、だいたいどうであったか私にはよくわかります。

話はまた妙なところへ飛んでしまったが、太祖が死ぬと燕王に封ぜられておった
棣が恵帝を打倒して帝位を簒奪《さんだつ》し、いわゆる永楽大帝（明の成祖）となり、武威を
四海に輝かせた。しかるに、太祖とこの第三代目の成祖を通じて明は大いなる禍根
をつくった。その一つは、太祖が自らの覇業の体験から秘密結社の脅威を深刻に恐
れ、皇帝直属の有力な特高警察機関をつくったことであった。その恐るべきものこ
そ「錦衣衛《きんいえい》」という、つまり親衛隊である。もう一つは、太祖が厳禁した宮廷の使
用人、すなわち宦官《かんがん》の政治介入を、彼らの内通が成功の一要因であったために、成
祖が太祖の禁を破ってこれを重用し、かつ秘密警察機関まで彼らに掌握《しょうあく》させた。
それがいわゆる「東廠《とうしょう》」である。「東廠」とは永楽十八（一四二〇）年に、「錦衣
衛」とは別に北京の東安門の北に設けられた特務機関であり、その長官は宦官で絶
大な権力を掌握したのであります。ちょうどこのとき、西のほうには、チムールレ

ンが勃興《ぼっこう》しておりまして、彼は大兵を率いて東、つまり明の永楽大帝に決戦を挑んだ。これにはさすがの永楽大帝も非常に驚く。あわや両雄の大激突、ちょうど謙信と信玄の大陸版のようになろうとしたところで、永楽大帝は倒れ、チムールレンもまた続いて倒れた。これは歴史家がよく惜しがるところです。しかし演劇じゃない、これは歴史だから仕方がない。成祖は大遠征を行のうて、軍中に崩じ、後を継いだ仁宗（洪熙《こうき》帝）は一年足らずで病死し、その子・宣宗（宣徳帝）が即位した。この時代には明のいろいろな学問・芸術が発達いたしまして、現代においても美術家が良く知っている皇帝であります。在位十年間が、明朝を通じて最も内治・外交の整った太平の時代であった。しかしこの間に、深く宮廷に勢力を養っていた宦官が、次第に政治の表面に勢力を振いはじめたのであります。

宣宗が逝《い》って、次の皇帝に就いたのがまだ九歳の英宗（正統帝）でした。前帝の遺言で祖母・太皇太后《たいこうたいごう》が摂政に任じた。しかし、太祖の遺訓によって、太后が親政すること、いわゆる垂簾《すいれん》の政《まつりごと》（女帝あるいは母なる皇后や太皇太后が親政するということ）は厳禁されておった。そこで実際の政は有名な三楊《よう》、すなわち重臣の楊士《し》奇《き》・楊溥《ふ》・楊栄《えい》に託されたが、社稷《しゃしょく》の傾くときは是非もないもので、楊士奇・楊溥が相次いで没し、楊栄も老衰して、太監《たいかん》すなわち宦官の元締・王振《おうしん》が、親衛隊であり秘密警察である錦衣衛を掌握して、政治の実権をその手中に収めたのであります。

憲宗（成化帝）は英宗の跡継ぎで、宦官の勢力は増大し、横暴は募る一方であった。それでも、憲宗とその後の孝宗の両帝四十一年の間は、とにかく小康を保ったが、孝宗の後の武宗が即位したときは、まだ歳僅かに十四歳であった。この武宗を擁して勢威を振るったのが、すなわち劉瑾《りゅうきん》である。正義派の有志は敢然としてしばしば劉瑾を弾劾《だんがい》したが、奸計《かんけい》に富んだ彼は、かえって正義派を奸党として追放し投獄した。健康をやや回復して官界に復帰した王陽明先生を、たちまちこの劉瑾の厄が待ち受けていたのである。

「六然」と茶

正徳《せいとく》元（一五〇六）年のことであります。南京の諫官《かんかん》の職にあった硬骨《こうこつ》の崔銑《さいせん》らが投獄されるに及んで、陽明先生は黙視できず、

「言官（君徳または政事の過失を諫める官職）を宥《ゆる》し、権姦《けんかん》を去り、以て聖徳を章《あき》らかにせんことを乞《こ》う」

という書状を上奏したのですが、果たして劉瑾らの怒りに触れ、アッという間に錦衣衛の獄に投ぜられてしまったのであります。

ところで、この崔銑という人には『崔後渠集《さいこうきょ》』という語録があります。その中に有名な「六然《りくぜん》」があるのです。この「六然」を勝海舟がよく揮毫《きごう》していた。けれども、それが『崔後渠集』にあることを決して明かさなかった。後世の人がしきりに出典を求めるがわからない。明治の日本銀行の非常な元勲でありました富田鉄之助さんは勝海舟の弟子であって、富田さんも師に真似てよく「六然」を書いたが、その出典がわからない。そこで、最近、日本銀行の理事をしておった磯野さんがりっぱな『富田鉄之助伝』を書かれたが、やはり出典がわからない。ずいぶん調べたけれどもわかりませんと、私のところへ来られて聞く。

それで初めて私も気がついて、なるほどなと思って、あれこれ調べたら崔銑の『崔後渠集』にあることが判明したというわけであります。人間というものはときどき、自分で思いついて訂正しますから、正確には「六然」も一字違うところがある。その他はすべて『崔後渠集』と同じであります。

自処超然。人処藹然《あいぜん》。有事斬然《ざんぜん》。無事澄然《ちょうぜん》。得意澹然《たんぜん》。失意泰然。

よく藹然とは何ですかと聞かれるが、これは草冠で、藹然というのは、春になって木々が一斉に青々と伸びる、春万物の新しく栄える姿です。これが藹然。「人に処するに藹然」ということは、つまり人に対しては、いかにもその人が活き活きといい気持ちを感ぜしめられるような雰囲気をいいます。人によっては、いかにもその人に接すると、いい気持ちにさせられる人と、粛然として、ひきしまるような感じをさせられる人とか、いろいろあります。この藹然というのは、いかにも春のような気持ち。春、草木が気分よく青々と伸びる、栄える、そういう誰にもいい気持ちにさせることです。

それから有事斬然というのは唐代の俗語です。すっきりしている、何か問題があるときに、うろたえたりへこたれたりしないで、すっきりしているという言葉です。無事澄然は、無事の際には、ちょうど水が澄んでる、澄みきっておる状態のこと。得意澹然とは、得意のときにはあっさりしていること。いかにも得意満々というようなことがなく、あっさりしている。「澹」は「淡」という字と同じです。たいて

いの人は淡い、味がない、味が薄いという意味に使っておるが、これはごく初歩の解釈で、これは真義ではない。それだから、

「君子の交わりは、淡として水のごとし、というけれど、それじゃあつまらんじゃありませんか」

という質問が出る。

「君子の交わりは淡きこと水のごとし、水のように味がないというのでは、小人の交わりは甘きこと醴《れい》のごとし、甘酒のようだ。小人のほうがいいじゃないか。君子なんてつまらんじゃありませんか。味がない、水みたいだ。どうしてでしょうか」

という。それは淡の本当の意味が解説されないからなんであります。

淡（澹）については、私の『東洋的学風』にも書いております。

「茶というものは、日本で千年以上も昔から、挽茶の節会《せちえ》や、行茶《ぎょうちゃ》の儀に用いられてきた。中国では、遠く周代から用いられている。元来心気を爽《さわ》やかにする薬であったことは言うまでもない。その茶を栽培するには、塵埃《じんあい》のかからぬ浄境の、欲を言えば、近くに川の流れがあって、朝な夕な川霧がかかり、太陽の直射が避けられ、やがて日が昇ると共に徐々に霽《は》れ渡る、そういう所が良い。その浄境に栽培さ

れた茶の良い新芽を摘んで作るのだから芽茶である。茶はそもそも煎《せん》ずるものである。湯加減を良くして、その芽茶を第一煎で、中に含まっている糖分の甘味を賞する。次に第二煎で、茶の中のタンニンの持つ渋味が出てくる。子供は皆甘いものが好きである。人間も未熟な者を甘いという。それが色々と生の経験を積んでくると渋くなる。しかし、渋い、というのは甘いの反対や相剋《そうこく》ではない。甘さが内奥に融けこむのである。現にタンニンを分解すると、カテキンという甘味が抽出される。この茶をほどよく三煎すると、始めて苦味が出てくる。化学的に言えば、カフェインの所為《せい》である。これは中枢神経にはたらいて、睡気を覚まし、心気を爽やかにし、強心利尿によって疲労を救う。人間もこの苦味が出てこなければならない。良薬は口に苦い、苦言を好むほどの人間でなければ話せない。もっともその慈味秘訣《ひけつ》を知らないで、いきなり折角の芽茶に熱湯を注いで、甘いも渋いもなく、苦々しくしてしまうのが『芽茶苦茶』である。目茶苦茶ではない。それは茶を無みするものであるから『滅茶』、『無茶』というのも当っている。

さて、甘い・渋い・苦いは畢竟《ひっきょう》偏味である。その至極は、もはや甘いとも渋いとも苦いとも、何とも言えないうまい味である。例えば老子にはそれを『無味』という。『無味』とは『味が無い』ではない。『偏味でない』ことである。なんとも言えない、うまい味のことである。これを別にまた『淡』という。淡いとは味が薄い、味が無いと言うことではない。『君子の交わりは淡として水の若《ごと》し』（『荘子《そうじ》』山木）とは水のように味が薄いということではない。水のように何とも言えない味、それこそ無の味ということである。事実、人間皆死に臨んで水を欲する。『末期《まつご》の水』である。末期に珈琲や砂糖を欲しはせぬ。稀《まれ》に豪傑の士にして酒杯を傾けて卒《おわ》った者もないではないが、あくまでもそれは例外である。そこで古人が淡窓《たんそう》とか淡淵《たんえん》とか如水《じょすい》と号した所以《ゆえん》がわかろう」

話がとんでもない方向に飛んでしまったが、ともかく「得意澹然」の澹とはそういう意味であります。実は『崔後渠集』によると、この「澹」が「欿《かん》」になっておる。「得意欿然」とある。得意欿然というのは何やら物足らん。本人自身が自分自身に物足りない。まだまだ駄目だという感じが欿然であります。人間は得意になる、有頂天になるともう十分、十二分というふうに満足するが、そうじゃない。人から見て、いかにも得意なときにも、本人は一向にそうでない。何か足りないような心境を持っておる。これが本当の「欿然」であり「澹然」であります。

六番目は「失意泰然」。失意のときにも泰然自若としていること。勝海舟先生は幕末・明治の多事多難に処して、それこそ彼はこの「六然」を身をもって体験する。あるいは体行、行じていたのでしょう。失意のときにあっても何でもないように振る舞う。これはなかなか難しいことで、これが本当に体得、体現することができれば、大した人物であります。それこそ真の自由人であります。

第三章——「竜場徹悟」と教学の日々

険所・竜場に流されて

この崔銑らが投獄されるに及んで、陽明先生は黙視できず、「言官を宥し、権姦を去り、以て聖徳を章らかにせんことを乞う」と上奏したが、果たして劉瑾らの怒りに触れ、前述の錦衣衛（特高警察）の獄に投ぜられた。

そしてその翌年の夏、辺鄙《へんぴ》な蛮地である貴州の竜場の駅丞《えきじょう》に流謫されることになった。獄中詩十四首が残っているが、それによって推察すると、彼は獄中にあって、深く易（易の原理、易学）に心を潜めたことがわかる。「随処に主と作《な》れば、立処皆真なり」というものである。つまり境遇の支配を受けない。境遇を自由に処していくのであります。駅丞と言えば、通信交通の中継場の助役名義である。貴州・竜場の駅丞などという役職はもう死んでこいというに等しい。それはそれとして、当時の地理からすれば、北京から河南の鄭《てい》州……湖北の襄陽《じょうよう》……湖南の常徳……沅《げん》州を経て、それより西行して貴州に入り、貴陽に達するのが最短行程であるが、陽明はいちおう方角違いの南方の杭州に赴いた。そういう自由は許されていたとみえる。

下獄のたたりで肺患も再発しており、健康が勝れなかったので、情状酌量《じょうじょうしゃくりょう》されてもおったのであろう。杭州の北新関《ほくしんかん》で懐かしい諸弟にも会い、西湖近傍の浄慈《じんず》寺《じ》や勝果寺に遊び、その昔新婦を伴い帰ったときの逆に広信を過ぎ、亡き妻一斎先生を弔い、鄱陽湖《はようこ》を渡って、南昌《なんしょう》から長沙《ちょうさ》に至り、屈原を弔うて、沅江《げんこう》・洪江《こうこう》を経て、北京を去ること七千支里、正徳三（一五〇八）年夏、ようやく配所に着いたのであります。

竜場は貴州でも西北の荒涼たる山間集落で、気候は悪く、原住民はもとより言語も通じない。多くは穴居《けっきょ》して、ほとんど野獣に近いものであった。まれに流謫されたり亡命してきた人間がいくらか話のわかる程度であった。彼は地を相して荊棘《けいきょく》を切り拓《ひら》き、天然の垣をめぐらし、その中に形ばかりの掘立《ほったて》小屋を建て、とにかく膝《ひざ》を入れられるだけの住居を造ったのであります。森に暮色の漂うころになると、猿が集まって何かしゃべっている。やがては原住民たちがもの珍しそうに遊びにくる。彼は自ずから尭舜《ぎょうしゅん》時代の、いわゆる茅茨《ぼうし》の跡を偲《しの》んだ。それから原住民に倣って田を播《や》いて耕し、あるいは蕨《わらび》を採って食べた。そのうちに原住民たちもだんだん彼に教えられて、住居というものを造るようになった。真似をするようになった。そこで彼らの協力を得て寅賓堂《いんひんどう》（賓陽堂）、何陋軒《かろうけん》、君子亭、玩易窩《がんえきか》などを造り、竜岡《りゅうこう》書院と名づけたのであります。書院の周囲には竹や檜《ひのき》も育ち、花も植えられた。彼はその中で読書思索に耽《ふけ》り、また現地語を習って原住民子弟の教化に努めた。その「居夷《きょい》詩」は一般人の思いおよばぬ傑作が多い。そのうち二首だけ挙げておきましょう。

初めて竜場に至り止まる所なし　草庵《そうあん》を結んでこれに居る

草庵肩に及ばず
旅に倦《う》みては体方《まさ》に適す
土堦漫《かいまん》にして級なし
迎うる風も亦 蕭疎《しょうそ》
漏る雨も補緝《ほしゅう》し易し
霊瀬 朝湍響《れいらいちょうたんひび》き
深林暮色凝《こ》る

群獠環り聚《あつま》って訊《たず》ぬ
語龐《ほう》にして意頗《すこぶ》る質
この類いも猶お人の属
汚《お》樽《そん》瓦《が》豆《とう》に映ず
尽酔して夕を知らず
緬《はる》かに懐《おも》う黄陶の化《か》
略《ほぼ》称《かな》う茅茨の跡

＊補緝…屋根の破れを繕う。
＊霊瀬…清らかな水の瀬。瀬は浅い流れ。
＊朝湍…疾瀬《はやせ》。
＊獠…中国の西南地方に住む少数民族。
＊龐…高く大きい。
＊瓦豆…かわらけの食器。
＊黄陶…黄帝や尭帝。

大変にいい詩であります。読むうちに当時の実況が彷彿《ほうふつ》として眼前に浮かび、失意泰然・無事澄然の姿勢がよく出ております。

諸生夜坐

譾居澹《たっきょたん》として虚寂
渺　然《びょうぜん》同遊を懐《おも》う
日入る山気の夕
孤亭平疇《へいちゅう》に俯《ふ》す
草際数騎を見る
径《みち》を取って相求むる如し
漸《すす》み近づきて顔面を識る
樹を隔てて鳴騶《めいすう》を停《とど》め
轡《たづな》を投じて雁鶩《がんぼく》のごと進む
榼《かめ》を携えて各　羞《おのおのさかな》あり
席を分かって夜堂に坐《ざ》す

絳臘清樽《こうろうせいそん》浮ぶ
琴を鳴らし復《ま》た帙《ちつ》を散ず
壺矢《こし》觥籌《こうちゅう》を交す
夜弄す渓上の月
暁に陟《のぼ》る林間の丘
村翁或は飲に招き
洞客偕《とも》に幽を探る
講習真楽有り
談笑俗流無し
緬かに懐う風沂《ふうき》の興
千載相為《あいため》に謀る

＊渺然…はるかに。
＊平疇…平らかな畑。
＊鳴騶…いななく馬。
＊雁鶩…ガンとアヒル。

＊絳臘…赤い蠟燭。
＊帙…書物。
＊壺矢…投壺（矢を壺に投げ入れる遊戯）に使う矢。敗者は罰杯を飲まされる。
＊觥籌…勝負を争う杯（觥）を数とり（計算具）。

「風沂の興」と言うのは「莫《ぼ》（暮）春には春服既に成る。冠者（元服した青年）五六人、童子六七人、沂《き》（水）に浴し、舞雩《ぶう》に風し、詠じて帰らん」（『論語』先進篇）という孔子の心境がよくわかると言うことであります。詩中の人物がみな躍動して、あたかも映画を観るような感がある。人間はいかなる不遇にあっても、いわゆる「随処に主と作る」だけの自由を持つことができれば、たしかに「立処皆真《りっしょかいしん》」であって、いかなる境地に立ってもそれぞれに意義がある、決して無駄ではない。その意味でも、陽明先生にとって貴州流謫はあるいは天与の磨錬であったのであります。しかし、可哀そうなのは彼の部下・従者たちであった。主のごとき心境を開き得ない彼らは、荒涼たる自然と粗野な原住民との間にあって、明けても暮れても何の娯楽があるでなし、始終怏々《おうおう》して、病気しがちであった。そういうとき、病弱の陽明先生のほうがむしろ快活で、よく彼らの面倒を見て、また器用に故郷風の俗曲を作ってやり、ともに歌ったりして、いろいろと部下たちの気を浮き立たせる工夫をするのであります。しかしこれは実に容易ならぬことで、陽明先生がいかに心の自由と余裕を養い得たかを最も善く示すものである。それでなければ普通の人は、とても五十七歳まで生きられるわけがない。もっと早く半分くらいで亡くなっておるでしょう。やはり彼の工夫とその屈託のない心境、それに基づくところの修練、そういうものがよく病気と逆境と、数奇の運命に自主自由を得させたものであると考えるのであります。

竜場流謫の意義

その間にあって、陽明先生はもっぱら認識と自覚、すなわち「格物致知」の問題に取り組んだ。認識と自覚の思索を徹底していった。年譜にも行状にも、すなわち石槨《せっかく》を作り、自ら誓って曰く、

「吾今惟《た》だ命（死）を俟《ま》つのみ云々」

とある。石囲いの凹地の中に坐《ざ》したものと思う。何も石の棺桶《かんおけ》など作って、その中で坐禅したなんていうものじゃない。石囲いの凹地の中に坐った捨て身の工夫である。すると一夜霊感があり、夢現の間に人と会って語るがごとく、多年の疑問（疑団）が冰解《ひょうかい》して、彼は大声を発し、狂人のごとく躍り上がった。従者は皆驚いた。彼は初めて真理というものは我が外に在るものではなく、我に内在するものである。それこそが「良知」だと悟った。我をおいていたずらに理を事物に求めることは誤りであることを知って、暗記しておる五経の言に徴してみると、いちいち唇が合うように吻合《ふんごう》せぬものはなかったのであります。

根本義において、彼は初めて人間の生に徹したものであると思う。この体験は主観にしても客観にしても、単なる知性ではとうてい解することはできない。これは余生命を懸けて初めて得ることのできる体験である。そしてこれはひとり東洋学道のみの特殊のものではない。人間普通の体験の問題であります。

現代人に理解しやすい一つの例証を挙げれば、今世紀の偉人の一人に挙げられているA・シュワイツァーの生の大悟がある。彼は一九一五年九月のある日、

「私は仏領赤道アフリカのランバレネの上流八十キロ、ロゴエ川のほとり、イジェンジア村の三つの島の前で、豁然《かつぜん》として、生を尊ぶということが善の根本であるという悟りを得た」

と彼の『自叙伝』に記しておる。『易経《えききょう》』の「繫辞《けいじ》下」には、

「天地の大徳を生と曰《い》う。生々《せいせい》これを易と謂う」

とある。シュワイツァーはこれを体得したのであります。

「格物致知」という「致知」とは主観の徹底であり、「格物」とは客観の徹底にほかならない。人が主観主義の思想を底の底まで考え抜くか、骨の髄まで生き抜くかしたとき、初めて自己の内に見出すことのできるものが真の客観性というものである。

人間は、天地の生物、あるいは無生物と異なる別個の存在ではない。知や心というものも、超自然的なものから人間に与えられた特別なものでもない。極めて勝《すぐ》れた内容をもつ天地自然のものである。天地自然の創造過程は、水に覆われ、霧に包まれた混沌《こんとん》の世界から、いまだ生命ということのできない無機物の世界を現じ、やがてそこから有機的生命の世界が発展し、ついに人間に至って「考える心」を生じ、

天地創造……造化を参賛するようになった。これがすなわち「格物」であります。これこそ宋儒のいわゆる「天地の為に心を立つ」（為天地立心）であり、あるいは「天地心を立つと為す」なのであります。

最近「アインシュタインと二つの半円があい合うて、完全な一円を構成する人」と評せられるテイヤール・ド・シャルダンが到達した結論も、この理の悟りにほかならない。これを系統的に論じておる。それこそが彼の到達した人間論であります。いままでの科学者とはだいぶ違う。非常に道に参賛しておる。この人とアインシュタインと組み合わせると、ちょうど一つの円になると、西洋の哲学者がよく言うのであります。『近思録』の著者・程明道もこれを悟って、手の舞い足の踏むを覚えなかったのであります。

この悟りから、陽明先生は初めて「知行合一」を説いた。そのころ、地方教育行政次長（提学副使）とも言うべき立場におった席元山《せきげんざん》が彼に心を寄せ、かねて疑問としておった朱陸《しゅりく》の異同、すなわち朱晦庵《かいあん》と陸象山《しょうざん》の学問の相違について教えを乞《こ》うた。彼は直接これを取り上げることをしないで、まず自らの体験から説いた。その往復の回数を重ねるうち、元山も豁然として蒙《もう》を啓《ひら》き、司法次長の毛氏に説いて、ともに貴州の諸生を率い、師に事《つか》うる礼をもって教えを受けた。後よりこれを省みれば、竜場の流謫は陽明先生を大成する貴い鉗鎚《けんつい》であった。まことに随所に主と作《な》れば、立処皆真であります。彼の一生に大きな意義があった。もし、この竜場流謫という運命がなかったら、陽明先生の学問求道というものは、またどれだけ変わっておるかわからん。どういう変化があったかわからない。例えば、都におって、閑官になって、時局を論じたり、そのために牢獄にぶち込まれたり、まかり間違うと殺されたかもしれん。そういうことを考えると、人間というものは滅多に結論を急ぐものではない。一応、来るべきものを受けて、そしてそこに自ら主となって行く、これが一番の自然の道であります。そうすれば「立処皆真」、そんなことをしみじみ考えさせられる大事な体験であって、陽明先生の偉さということもしみじみ理解できるのであります。

道友・湛甘泉との訂交

ここでテーマを若干戻して陽明先生が求めてやまなかった一人の道友との交わり、

すなわち「訂交」について触れてみたいと思います。その人こそ湛甘泉《たんかんせん》（名は若水、字は元明《げんめい》）という翰林院庶吉士《かんりんいんしょきちし》であります。翰林院庶吉士とは明《みん》代特有の官職で進士に合格した者の中で、学問・文章に優れた人物や能書家のことである。日本で言うなら内閣官房調査室とか広報室といったものでしょう。陽明先生が湛甘泉と出会ったのは、彼が山東郷試の主考を勤めた後に復官して兵部主事に任じ、京師に出た弘治十八（一五〇五）年の、三十四歳のとき。湛甘泉は六歳ほど年上であったが、二人は最初から非常に共鳴をして、学友・道友になったのであります。

後に湛甘泉は、王陽明の墓誌銘なども書いておる人ですが、彼は陳白沙《ちんぱくさ》先生（一四二八～一五〇〇）の敬虔《けいけん》な弟子であった。陳白沙先生は名は献章《けんしょう》、字は公甫《こうほ》。この人は陽明先生が初対面に感銘した婁一斎先生と同じく、呉康斎の門下で、広東新会県の白沙村におって性命の学を講じ、その風懐は遠く宋の周濂渓《しゅうれんけい》・程明道を継ぐ哲人でありました。彼は知識や文章の以前に学を求め、誠と偽を明らかにし、真実を求め、功夫《くふう》を究めていけば、

「華《はな》落ちて実《み》存し、浩然（盛大流行するかたち）自得す」ることを体現した。

終身怒らず、居常和気藹々《あいあい》として人に接したが、門人はその怒らぬ先生に怒られ

ることを最も恐れて相戒めた。自己の心体を味《くら》まさないために、静坐工夫を重んじた。常に何か他と比較して一定の分類に収めねば気がすまない世のいわゆる知識人は、彼を禅学と混同したが、彼は笑ってあえて弁じなかった。超然として悠揚《ゆうよう》せまらず、人とめくじらたてて議論するとか競争するとかいうようなことは、全然なかった、解脱した人であります。進んでことさらに著述しようともしなかった。「他時投間《とうかん》の計を遂ぐるを得ば（いつの日か暇になることができたら）、ただ青山に対して書を著さず」（『留別諸友七律』の一）と言うておる。しかし、門下三千、彼を師表《しひょう》と仰ぎ、その声望《せいぼう》は中央の識者をも動かした。

一方、湛甘泉は広東・増城の人で、陳白沙先生に従学し、弘治十八年、すなわち陽明先生が三十四歳で京師におったころではあるが、彼が進士に及第したときの試験官は、陳白沙の学風をただちに認識したほどである。彼の答案・文章を読んで、ああこれは陳白沙の影響を受けておるということが、さすがに試験官はすぐ認識した。この人は、平生足跡の至る所必ず書院を建て白沙先生をまつった。従遊した者はほとんど全国にわたって存したという。白沙先生は七十二歳で終わっておる。

師の呉康斎という人のことは、すでに前に触れておきましたが、非常に偉い人です。陳白沙先生が呉康斎先生のもとを去って広東に帰っておることについて、後世の学者はこせこせいろんなことを突っついて、中には陳白沙が、呉康斎に飽き足らなかったんじゃないかというような批評もあるけれど、これはどうも見当違いであります。陳白沙先生が呉康斎先生に非常に傾倒しておったことは生涯変わらん。若いときの先生の感想がある。陳白沙の自述がある。その中でこういうことを言っておる。

「予少《わか》くして師友なく、学その方を得ず。声利に汨没《こつぼつ》し（名声利達の世界に汨《しず》み隠れて）、粃糠《ひこう》に支離する（籾殻《もみがら》や糠《ぬか》、くだらない煩瑣《はんさ》なことにかかずらって主体性を喪失する）こと蓋《けだ》し久し。年幾《ほと》んど三十、始めて尽《ことごと》く挙子の業（受験勉強）を棄て、呉聘君《ごへいくん》に従って学ぶ。然《しか》る後、益々途《みち》に迷うこと未だ遠からざるを嘆じ、今の是《ぜ》にして、昨の非なりしを覚る」（『竜岡書院記』）

と告白しているのであります。「聘君《へいくん》」とは隠れた賢者で、召に応じて官吏となる者のことで、呉康斎先生は召されて皇太子の侍従をさずけられたけれども、固辞して帰郷し講学の生涯を送ったのであります。陳白沙先生は呉康斎先生に学んで初めて、本筋に立ち返って、それまでの学問修行が間違っておったとしみじみ覚ったと言うのであります。

その後、陳白沙の呉康斎に対する思慕の情、敬仰の情というものは少しも変わっておらん。もちろん諸論の中には、探せば多少の異なったところはありますけれども、それは人間でも花でも木でも何でも、それぞれ個性というものがあるので、然るが故にどうこうということはないのです。どうも後世の学者というものは、少々の差異を見つけては、非常におもしろがって、相い合わなかったとか、相い容れなかったということを、とかく言いたがるが、そういうものではない。花は紅《くれない》、柳は緑、花紅柳緑、それぞれ個性があって、少しも障《さわ》りはない。

呉康斎先生は非常に気性の激しい人でありました。しかし、晩年は非常に円熟しておる。陳白沙先生も若いときはかなり煩悶懊悩《はんもんおうのう》して、いろいろ悩んだ人のようでありますが、後半生になると、いかにも円熟脱落した趣がある。「他時投間の計を遂ぐるを得ば、ただ青山に対して書を著さず」などという考えも、私などは大いに共鳴するところがあります。

この陳白沙先生に「鄭巡検の官を休《や》めて莆《ほ》に還るを送る」という詩があります。

卑棲《ひせい》一枝足る
高挙雲層に入る
大鵬は鶺鴒《せきあん》に非ず
鶺鴒は大鵬に非ず
卑高各々《おのおの》適あり
小大相能くせず
帰去木蘭《ぼくらん》の渓
渓魚美罾《あみ》す可《べ》し

＊卑棲…卑しいところに棲《す》んでいる。
＊大鵬…おおとり。
＊鶺鴒…小鳥のミソサザイ。
＊木蘭…福建省莆田県の渓流。

この詩に、かつて非常におもしろく思ったことを夜中に思い出してしまったことがある。そうなると気になって、学問の面倒なところで、どうしても突き止めたくなってしまう。全部は覚えておらん。まあ明日の朝に起きて、ということでいいのだけれど、明日、講義があるから皆に紹介しようと思った途端に気になってしょうがないから、夜中に起きて書斎の『陳白沙全集』を引っ繰り返してみたら、やっぱりすぐ見つかった。妙なもので、自分が非常に傾倒している、愛読しているような書物の中の文句というのは、探すとすぐ見つかるものであります。これは不思議です。書物とこちらとに何か霊感が通ずるのか。そうでなければ、いくら探してもわからん。ここにあるじゃないかと言ってもわからん、というのが多い。ところが本当に自分が研究すると、見つかるからこれは不思議だ。人間の神秘の一つです。

人間同士でもそうであります。一所懸命に何かの研究に没頭して、何か参考書がないか、こういうものはないかと思って、本屋に入ると、何千とも知れん本があっても、すぐ目につく。実にそれはおもしろい。例えば、陽明学なら陽明先生の研究に没頭しておると、陽明先生に関する書物がどんなに本が並んでいても、すぐ目につく。不思議なものであります。何事によらず、打ち込んだ研究問題を持っておらんと、漠然として、在るがごとく、無きがごとしだ。何も目につかん。だからやはり人間は、打ち込むというと非常に精神・意識が鋭敏になり、神秘的になる。発明なんてことが行われるのです。身魂打ち込んで問題と取っ組んでおると、そういうものを摑むのであります。

早速、発見したのは良いけれど、何しろ古い版本ですから、文字がところどころ読めない。この詩も一字読めん所があって、よくわからん。えらい苦労して、とうとう寝そこなってしまった。今夜は眠くてしようがない。学問というのはやっかいなもので、やめておけばそれまでだけれども、皆さんの顔が並んでるのが頭に浮かんでくるものだから、どうしても確かめんとなってしまいました。

卑棲一枝、低いところに一本の枝があればそれでいい。しかし高く飛び立つと、高挙、雲層に入る。大鵬は小鳥のミソサザイではない。高さはおのおの適するものがあり、低い、高いはうまくいかない。小には小、大には大、それぞれ能があって、それでいいのだ。そこで、「帰去、木蘭の渓」と一転します。これは役人を辞めて、帰るときに送った詩でありますが、君も帰る、わしも都からこの田舎に帰ってきた。谷川の魚を網で掬《すく》いあげる。いかにも呉康斎先生の風格が躍動しておる。これは絶句ですから、韻をふんでいる。層、鵬、能、罾《そう》と同じ脚韻を踏んでおります。

こういう陳白沙先生と呉康斎先生ぐらいになると、なかなか簡単には片づかない。簡単には評されない。非常に大いなるもの複雑なるものがあります。その人物・学問を覗《のぞ》いて見れば見るほど魅力を感ずる。そこで私はこの陳白沙先生と陽明先生がもし会っておれば、どんなにか良かったろうと思わないではいられない。訂交の仲であった湛甘泉とは深く親交があったのにもかかわらず、二人は遂《つい》に相い会う機会はなかった。陽明先生の遺著の中、あるいは言行録の中に、陳白沙先生のことがない。そこでまた詮索《せんさく》好きの学者が、陽明先生が白沙先生にそれほど興味を持たなかったとか、あるいは宥すところがなかったかのごとく考える者もある。

そういう考えは実に余計なお世話でありまして、陽明先生の弟子に薛侃《せっかん》がおります。この人は『伝習録』にしばしば出てきて、その編纂《へんさん》に携わった一人であり、陽明先生が自分の子供を託したほどの人です。陽明先生が匪賊《ひぞく》討伐のときなども、常に陣中に扈従《こしょう》して教えを聴いた一人で、なかなか偉い人であります。この人は広東の人で、陽明先生と同時に、陳白沙先生に非常に傾倒しておりまして、後に時の朝廷が広東に聖廟《せいびょう》を造るに当たって、陳白沙先生を孔子に合わせて従祀《じゅうし》ということで合祀したいということを願い出ておる。それぐらいでありますから、陽明先生と白沙先生というのは、本当にその道、その学において、相契合《けいごう》するところがある。非常に深い関係にある、逸すべからざる哲人であります。陳白沙先生はまた日本にも意外に、ことに徳川時代の学者なんかにはやはり深い影響を与えている。

復帰と講学三昧

さて、陽明先生を流謫した宦官の実力者・劉瑾はその後どうであったか。中央において威権をほしいままにしておった彼は、その実、一日も心の休まる暇《いとま》がなかった。宮廷は常に深刻な嫉視《しっし》猜疑と陰謀排擠《はいさい》の舞台であり、宮廷の外は不安動揺の世界であった。彼は朝廷の官吏だけでも、三百余人を投獄し、軍部大臣の劉大夏《たいか》も捕らえられ、文人の雄・李夢陽も秘密警察に逮捕された。ついに華北一帯に暴動が頻発するに及んで、安化王・寘鐇《しはん》は劉瑾打倒を標榜《ひょうぼう》して甘粛《かんしゅく》地方に叛旗《はんき》を翻した。これは容易に仇鉞《きゅうえつ》将軍によって鎮定されたが、劉瑾には致命傷となり、内紛は表面化して、ついに正徳五（一五一〇）年八月、彼は反対派の江彬《こうひん》や張永のために打倒されて誅《ちゅう》に服した。歴史の記録をたどってみると、いまの中国の粛清だの何だのという騒ぎと、実に似たりよったり、人間のやることというのは、一向変わらん。
これより先、陽明先生は彼を知る者の斡旋《あっせん》で、同年春早々に久しぶりに日の目を見ることになり、前年の暮れ、廬陵《ろりょう》の知県（知事）に任ずることになりました。この地は江西省の吉安府《きつあんふ》にあり、山水の景勝に富み、宋の欧陽修《おうようしゅう》が住んだのでも有名な、貴州・竜場からすれば、まさに夢のような楽天地であります。そして彼は、明けて三月、早くも県に着任した。三年謫居《たっきょ》の竜場に別れを告げることは、文字通り千万無量の感慨であったのだろう。「舟中除夕《じょせき》」の詩の一首にこうあります。

遠客《えんかく》天涯また歳除
孤航随処また吾廬《わがろ》
また知る世上風波満つるを
また恋う山中木石の居
事業無心歯髪に従う
親交多難音書《いんしょ》絶ゆ
江湖未だ就《な》らず新春の計

夜半樵歌《しょうか》忽《たちま》ち予を起こす

＊歳除…年の暮れ。

＊歯髪…年をとれば歯が落ち髪が白くなるので、歯髪を加齢のしるしとする。

＊江湖…江と湖。転じて世間、世の中の意味。

＊樵歌…きこりの歌。

いったいこのころ、陽明先生の健康状態はどうであったのか。彼の記するところによれば、ようやく三十代に別れを告げようとする年であったが、ぼつぼつ白髪が目につくようになり、歯もぐらついている。それでなくとも、健康を害して、胸を病んで、そして竜場という僻地《へきち》に苦労したんですから、さもあろうと思われる。近視で、声も通らなかった。ともすれば、病んで月を経ても出られぬことがあり、薬の量が増すのであった。彼はいくらかユーモラスで、

「吾が儒にも神仙の道がある。顔子《がんし》三十二にして卒したが、今に至るまでいまだ亡くなってはいない。足下能くこれを信ずるか」（「人の神仙を問うに答う」・正徳三年）

と言うておる。

赴任の途中、湖南まで来ると、ここの同志である冀惟乾《きいけん》（名は元亨《げんこう》）、蔣卿実《しょうけいじつ》（名は信）、劉易仲《いちゅう》（名は観時）らが迎えに出て、教えを乞うた。彼はまず静坐を勧め、放心を収めることを力説した。県に着任しての施政方針も、徳治主義を旨とし、風俗を正すことを勧め、訴訟を競う悪風を厳しく諫め、治安・交通・運輸などに着々企画を進めた。しかし、在職わずかに七カ月、今度は南京刑部主事を命ぜられ、一転して、北京の吏部《りぶ》主事（人事院の役人）となり、二月には会試同考官、進士の試験の審査官と累進した。久しぶりに北京に帰った彼は、懐かしい道友・湛甘泉と会って、何はさておき講学に努力したのであります。

このとき彼は、また新たに生涯の同志・門人となる黄宗賢《こうそうけん》を得たのであります。黄宗賢は名を綰《かん》、号を久庵《きゅうあん》といった。陽明先生の故郷に近い浙江・黄巌《こうがん》の人で、『明儒学案《みんじゅがくあん》』によれば字を叔賢《しゅくけん》としているが、『年譜』にも『陽明書簡』にも宗賢となっておる、成化十三（一四七七）年の生まれであるから、陽明先生より五つ年下で、若くして江西廬山の名勝・紫霄《ししょう》山中に書を読むこと十余年、勤苦自得して、後に進士に登第した。たまたま北京において陽明先生の声明を聞き、学友の儲柴墟《ちょさいきょ》の紹介で初めて会い、感銘を深くして、ここに陽明先生と湛甘泉・黄宗賢の三人の道友ができあがったのであります。宗賢はその後十年あまり過ぎた嘉靖《かせい》元（一五二二）年の春に、また改めて門人と称した。それまで、必ずしも彼は、道の交わり、学問の交わりは後進として結んでいたが、本格的に門人と称するところまでには至っていなかった。宗賢という人はそういうところのけじめに非常に厳しい人でした。それが十年後にいよいよ陽明先生に心服いたし、改めて正式に師弟の関係を結んだということであありましょう。

従来、都下の学風はもとより科挙を中心とした受験勉強であり、そのための経書や詩文に通ずることがほとんどすべてであった。陽明先生はこれを教学の堕落として、まずそういう功利的因習を排脱して、醇乎《じゅんこ》として醇なる立志、すなわち自ら聖賢たらんという志を立てねばならぬ。真正の学問は聖賢の道を学んで、心を明らかにすることであって、単なる知識や文辞の問題ではないことを力説した。しかしこれは必然的に従来の士人の反感を買い、いたずらに異をたて、名を売るものという疑惑や誹謗《ひぼう》も起こった。しかし、彼の粋然《すいぜん》たる人物と、多年万死の中より求道思索してきた学問・識見は、接する人々を感奮興起せずにはおかなかった。方献夫《ほうけんぷ》のごとき、吏部郎中の要職に在って、陽明先生の上役であったが、彼の論を聴いて大いに感悟し、ついに弟子《ていし》の礼を執って師事するに至ったのであります。

このころ、陽明先生は初めて、朱・陸に関する論争、すなわち朱子（朱熹・晦《かい》庵《あん》）と陸子（九淵・象山）のいずれを是とするやの紛議に携わらねばならぬことになった。正徳七（一五一二）年のころ、かねて陸象山の書を読んで心にかなっていた王輿庵《おうよあん》（名は文轅《ぶんえん》、字は司輿、黄挙と号す）と朱子を奉じていた徐成之《じょせいし》（名は守誠、字は成之）との間に意見が対立して、成之はこの解決を陽明先生に求めてきたのであります。先生は元来、いい加減な論争を好まぬ人であった。論争というものが公明詳確なことは滅多にない。たいていは胸に夾雑物《きょうざつぶつ》があって、頭も曖昧《あいまい》を免れず、論争のための論争から、だんだん感情的確執に堕するものである。

陽明先生は成之に答えて、

「どうも二兄の論は勝ちを求むるに出ずるようである。勝ちを求めれば、気に動く（気分・感情に動かされる）。気に動けば、義理の正を失ってしまって、是非の論も無駄になる。古人の得失を論ずるには、決して私見をもって、とんでもない判断をなすべきではない。いま、輿庵は陸子を論じて『そのもっぱら〝特性を尊ぶ〟をもって主となすは禅学の虚空に堕するを免れぬが、その操守《そうしゅ》の端実はどこまでも聖人の徒たるを失わない。朱子はもっぱら〝問学に道《よ》る〟ものであるが、支離滅裂で、聖門の誠意正心の学ではない』と言う」

〝特性を尊ぶ〟とか〝問学に道る〟とは『中庸』の「君子は徳性を尊んで問学に道り、広大を致して精微を尽くし、高明を極めて中庸に道り」とあるから引き出しており、また〝操守の端実〟の操守は「操《と》り守る」という意味で「端実」は正しい、つまり陸象山は禅学から脱けきらぬ点があるが、誠実に心を操り守っているから、結局は聖人の徒であると主張していると言うのであります。そして、陽明先生はにわかに徐成之に向き返って、

「吾兄は朱子を論じて、彼がいまだ俗学の支離を免れぬが、その序にしたがって次第に進むことは確かに『大学』の訓《おしえ》に背くものでない。陸子のごときは虚無寂滅で、とうてい『大学』致知格物の学ではないとする。しかしすでに〝徳性を尊ぶ〟と言えば、禅学の虚空に堕すとは謂えない。禅学の虚空に堕すれば、〝特性を尊ぶ〟とは謂えない。すでに〝問学に道る〟と言えば、俗学の支離に失すとは謂えない。俗学の支離に失すれば〝問学に道る〟とは謂えない。二者の弁たる、間・髪を容《い》れな

いものである。両者の論はいまだ私意を免れぬものである。聖人の正統たる（『中庸』の著者）子思の学を論ずるや、『徳性を尊んで而して問学に道る』の一語に総括されておる。両君の弁はみないまだ一偏たるを免れず、俄《にわ》かに相非《そし》るをなすべきではない。僕は願う、二兄心を公平正大の地に置いて、勝ちを求めようと努めてはならない」

と諭したのであります。

これに対して徐成之は不満でありました。何となく陽明先生の論がどっちつかずで曖昧に感じられ、陰に論敵の輿庵を助けるものではないかとさえ疑われると率直にまた返答した。そこで先生は、前書の三倍もの長篇の一書を送って、さらに前説を詳論しておるのであります。その冒頭では、

「前回は遠来の客のために、細論に暇《いとま》がなかった。僕がどうでもとれるような、どっちつかずのことを言って、陰に輿庵を助けるものではないかというに至っては、覚えず失笑して、吾兄にしてまたこの言あるかと謂いたい。象山の要旨はみな孔子・孟軻《か》の言で、どこに空虚なことがあろうか。易簡《いかん》を説いたことがすこぶる疑問とされたが、これは『易』の繋辞の説である。覚悟（迷いがさめて悟りを開く）の

説は釈氏（釈迦《しゃか》）に同じであるが、釈氏の説もまた吾が儒と同じきものがあり、その故に釈儒の相違を害なうことはない。晦庵の居敬《きょけい》窮理・存心致知・常存敬畏の諸説みな聖学の尊徳性（徳性を尊ぶ）に非ざるはない。どこに支離などがあろうか。ただその平日典籍の訓解に汲々《きゅうきゅう》として、注釈考弁に忙しいのが支離になるといわれるのであるが、それは後世学者の弊である。両者の学は同じからぬものがあるようで、要はいずれも聖人の徒たるを失わない。いま晦庵の学は天下の人、童にしてこれを習うから、もはや人に入るの深いことは論弁を待たぬものがある。しかし象山の学はかつて晦庵と議論があったので、ついに分け隔てられてしまって、いわば同じく孔子の高弟であっても、子路と子貢とのように分けておけば良いものを、ついに擯斥《ひんせき》して、朱子の美玉に対して陸子を石扱いするのは甚だ当を得ない。朱子も必ず遺憾に堪えまい。これは僕の至情で、吾兄のためにも一言しておく。どうして両方のために好い加減な解釈をして、陰に輿庵を助けなどしようか。輿庵の説も残念ながらまだ十分ではない。いま聖賢の学術は天下公共のもので、吾ら三人の私有するところではない。天下の学術は天下のために公言せねばならぬ」

陽明先生の本色がよく説かれておるのであります。

逍遙講学と「伝習録」

人生根蔕《こんたい》無し
飄《ひょう》として陌上《はくじょう》の塵《ちり》の如し
分散して風を逐《お》うて転ず
地に落ちて兄弟《けいてい》となる
何ぞ必ずしも骨肉の親《しん》のみならんや
歓を得ては当《まさ》に楽を作《な》すべし
斗酒比隣を聚《あつ》む
盛年重来《ちょうらい》せず
一日再晨《さいしん》なり難し
時に及んで当に勉励すべし
歳月人を待たず

＊根蔕…木の根と果実のへた。

＊陌…街路。
＊斗酒…一斗の酒。
＊再晨なり難し…再び晨《あした》なり難し。
＊勉励…努め励む。

陶淵明の有名な作品であります。

陽明先生は竜場の流謫の夢のごとく、現に北京に帰って湛甘泉や黄宗賢と新たに学をともにすることになったが、途端に、今度は甘泉が安南に使いすることになった。次いで宗賢が病に罹《かか》って天台に帰ることになった。病身の陽明先生にとって、これらは感慨無量であったとみえて、

「黄宗賢、天台に帰るに別るる序」の終わりに、

「宗賢帰る矣、我がために廬《ろ》を天台・雁蕩《がんとう》の間に結べ。吾将《まさ》に老せんとす焉。終《つい》に宗賢をして独往せしめざるなり」

君は病気で帰っていくが、僕もそのうちに行く。お前を独りやらん、と感傷的な手紙を送っております。王陽明という人は、ちょっと考えると、名刀のように冴《さ》え

きった人を想像させますけれど、非情に情緒の豊かな人、ある意味においてロマンティックな人であります。

その代わり思いがけない喜びもありました。篤学な妹婿の徐愛《じょあい》との出会いでありました。字は曰仁《えつじん》、横山《おうざん》と号す。故郷の近所にある山の名から採った。余姚の人。陽明先生が竜場に赴くとき、義兄である彼の弟子となった。義弟であると同時に本当に敬虔な弟子になった。ちょうど孔子における顔回のような人で、長足の進歩をして彼の謫居中、進士に及第し直隷《ちょくれい》の祁《き》州の知事になっていたのが、任を終えて上京したことである。徐愛は実に純情篤学で、陽明先生は心から、我における顔回として敬愛していた。なおその他にも彼の山東郷試に首席で登第した穆伯潜《ぼくはくせん》や蔡希淵《さいきえん》、顧惟賢《こいけん》、鄭朝朔《ていちょうさく》らが続々と従学してきたことも大きな喜びとなった。いずれも皆得がたい徳器であります。

人間も一つの器であります。それがいかにも徳でできておるというのを徳器という。才でできておるのは才器という。日本の戦前の教育勅語にも「徳器ヲ成就シ」とあります。あれは大変正しい、そして意味深いことであります。才器はすぐできるが、徳器でなければ本当でない。これは人間の人間たる本質・本性というものであります。知能とか技能とか、才能というものはあればあるほど良いには相違ない。が、これは要するに程度の差であって、あくまでも属性である。もう一つ人間には躾《しつ》け、習性というものがあって、これは徳性に準ずる要素と言える。したがって、徳器という言葉は人間を本質的に表した良い言葉であります。

しかるに、今度は陽明先生自身、南京の太僕寺少卿《けい》すなわち馬政局次官のような職に補せられ、徐愛も同じく工部に転勤することになって、南行の舟中、心いくまで学を論ずることができた。忠実な徐愛は、在京のときから丹念に師の教えを筆記していたが、この舟中においても、その後も続けられ、六年後の正徳十三（一五一八）年、先程の門人・薛侃らの編輯《へんしゅう》によって、有名な『伝習録』となった。彼が筆録した十四条と『伝習録』の名は、永遠に不滅の光を存しているのであります。

彼は久しぶりに故郷に帰り、秀麗な越（浙江省）の山水を逍遙《しょうよう》して、従遊の門人らとともに学を論ずるつもりであったが、さて帰ってみると、親戚縁者との往来もあり、なかなか自由を得られず、やっと五月になって徐愛ら数人と出かけることになった。しかるにあいにく、宗賢が来られない。彼は上虞《じょうぐ》から四明山に入り、白水を観、竜渓に沿うてその源を探り、杖錫《じょうじゃく》山に登った。さらに禅寺で有名な雪《せっ》竇山《ちょう》（ここには雲門宗の禅風を宣布した雪竇重顕《じゅうけん》が住んでいた）に至り、千丈巌《せんじょうがん》に上って天姥《てんろう》、華頂を望み、ついでに奉化《ほうか》から道を赤城《せきじょう》に取ろうとしたが、たまたま久旱《きゅうかん》のために山も田もひび割れの有り様で、陽明先生は惨として楽しまず、ついに寧波《ねいは》より余姚に帰ったのである。そのとき、ちょうど宗賢からの手紙が届いた。

陽明先生はその返書の中に、

「この行《こう》、それぞれ得るところはあったが、誰にも大して発明はなかったようだ。皆美質を持ちながら、長年の習気、つまり身に深くしみついた世俗の習慣のために、甚だしくそれを損じている。いまのところその本然の美質を見出すのは砂金を淘《よな》ぐようなものだ。夾雑物をより分けて捨てるようなものだ。何と言っても一番残念だったのは、君の来られなかったことだ」

と書き送っている。

十月、陽明先生は滁州《じょしゅう》の任地に着いた。交通不便な辺地で、官も馬政監督という閑散なものであったので、彼は始終弟子を連れて、瑯琊《ろうや》山や瀼泉《じょうせん》の間に逍遙し、月の夕べには竜潭《りゅうたん》を巡って坐する者数百人に及び、歌声は山谷に響くこともあった。陽明先生はなるべく抽象的な議論を避けて、一人ひとりについて質疑応答に努めると、彼らは感激のあまり、あるいは歌い、あるいは踊った。旧学の士も多くやってきた。そのころは学校なんてものはないから、各々しかるべき師を求めて、こうして並んで学んだのである。これが本当の学道教学というものでしょう。日本でも幕末に、交通不便な九州の大分の辺鄙な日田《ひた》なんてところは、私も行ってみたが、しかし景色はいい所だ。あの日田の山奥の広瀬淡窓《たんそう》の塾（咸宜園《かんぎえん》）に日本全国から三千という若人たちが教えを受けに行っている。大村益次郎とか高野長英など著名な人物を輩出させている。これは大変なことであります。しかし、そこに初めて人間学というものができるので、あまり便利になるとかえって駄目なものである。

陽明先生の講学教育が多く山水逍遙の間に行われたことは、一つの特徴であります。アリストテレスがアテネ郊外ライシーアムの森の中で、門人にその哲学を講じ、爾来《じらい》その学風をペリパテティシズム（逍遙学風）といって名高いが、陽明学風も偉大なペリパテティックと言うべきものである。彼自身またその間によく孤往《こおう》し、独り歩きをして黙想した。その詩を読むと「谷を隔てて人に吠《ほ》えている犬や、澗水《たに》を飲んでいた猿が木に飛びついて、スルスルと騰《のぼ》るところ」を眺めながら、ブラリブラリと独り散歩している先生の姿、あるいは「樹立《こだち》の奥にチラチラ灯火の瞬くころ、帰りを急ぐ騎馬の姿を見送りながら、淋しい鐘の音が谷間に響いて、暮光の凝然《ぎょうぜん》たる中に、いつまでも佇《たたず》んでいる」、そんな姿を想像させられるのであります。

路《みち》絶えて春山久しく尋ぬるをやむ
野人《やじん》病を扶《たす》けて強いて登臨す
同遊の仙侶　須《すべから》く興に乗じ
共に花源を探って深きを厭うなかれ

鳴鳥遊糸《ゆうし》倶《とも》に自得す
閑雲流水亦《ま》た何の心ぞ
従前また恨む文句に牽《ひ》かれ
展転支離陸沈を嘆ぜしを

＊遊糸…かげろう。
＊陸沈…地盤が沈下する。

実にいい詩です。展転《てんてん》支離陸沈《りくちん》、いろんな文句や文字章句の学問をやって、展転した知識なんてのは、とかく雑駁《ざっぱく》になる。そのために、人間そのものがだんだん駄目になる。陸沈、地盤が沈下するということだ。知識・技術の学問は大事ではあるけれど、それに惹《ひ》かれておると人間そのものはつまらないものになる。偉いと言われる学者の中には実につまらない人間がよくおる。

この楽しい有益な生活もわずかに半歳。翌九年四月、南京の鴻臚寺卿《こうろじけい》（儀典長官）に転出せねばならなくなりました。人々は大いに別れを惜しんで、期せずして続々と集まり、出発の際には、先生を送って烏衣江《ういこう》に至り、先生がしきりに辞退しても容易に承知しなかった。また、五月に南京に着くと、徐愛もまた来たり会し、黄宗明（字は誠甫、号は致斎）、薛侃（字は謙尚、号は中離）、陸澄《りくちょう》（字は原静、また清伯）、季本《きほん》（字は明徳、号は彭山《ほうざん》）らが続々と集まってきた。翌十年、陽明先生もいよいよ四十四歳になりました。しかし、先生にはまだ実子がなかった。三人の弟と一人の妹（徐愛に嫁す）があったが、どの弟たちにも子がなく、父の竜山公も心配して、結局、叔父・王袞《おうこん》（字は徳章）の孫、陽明からは再従子《またいとこ》の正憲《せいけん》（字は仲粛）を貰《もら》ってこれを世嗣《よつぎ》に定めたのであります。

南京における講学はまた日に盛んになったが、それだけに、ここでもまたぼつぼつ物議が始まった。在来の紙蠹《しみ》のような受験勉強、型にはまった、生命のない詩作文章、因襲と形式に堕した道徳などに慊《あきた》らずして、まず静坐して妄想雑念を去って、心を調え、聖賢の学問を純粋に体究しようとする本旨が、従遊の士の多くなるにつれて、ともすればそれが軽率になり、在来の学風や人物に対する軽侮があらわに目立ち、独善に走る傾向が著しくなってきた。彼はしきりにこれを警《いまし》めたが、心を痛めることも少なくなかった。

したがって、世の物議も高まらざるを得ない。果たして、すでに述べた王輿庵対徐成之の論争が一般化してきたのであります。何とかして聖賢の学がその根本において、朱子と陸子といずれにしても変わりはないということを知らしめたい。それには一般に尊信されている朱子の所説の中から例証するにこしたことはない。先生はそう考えて、誰にもわかりやすい朱子の書翰の中から三十四通を選び出し、それに自序を付けて、これを『朱子晩年定論』と名づけた（正徳十年十一月一日）。ところがこれがかえって大きな物議を生ずることになった。しかしこの刊行は三年後のことであるから、改めて別項に説明します。何よりも「晩年定論」と名づけたのが悪かったので、この中には朱子の晩年じゃない書翰も入っておる。これはちょっと迂闊《うかつ》、軽率であった。そういうこともまた見つけて、これは朱子の晩年のものじゃないというように突っ込んでくる者もあり、やっかいなもので、陽明先生はあっさり陳弁《ちんべん》しておる。

ひるがえって、彼の滁州生活の間に一つ落としてならないことは、盟友の湛甘泉が安南から帰り、久しぶりに相会うて語り合ったことである。しかるに湛甘泉はその翌年、母の喪に遭って、故郷広東の増城に帰り、そのまま久しく南海県の西樵《せいしょう》山に講舎を建てて中央に出てこなくなった。これは陽明先生にとって大きな損失であったと思う。

討匪と「古本大学」の提唱

このころ、福建・江西・湖南各省から広東地方にかけて内乱が甚だしくなった。元来中央の統治力が、事実上遠隔の辺鄙にはおよびかねて、地方はともすれば無警察状態に陥りやすく、したがってそれらの地方住民は自主防衛をせねばならない。

それも自治に統一があり訓練ある住民組織でも発達しておればよいが、因襲的な素朴社会ではどうしても混乱を免れない。軍隊を動員しても、兵制の整わぬ、軍律も何もない軍隊ならば、人民にとって暴徒と何ら異なるところがない。暴徒の勢い猖獗《しょうけつ》なところであれば、政府の軍隊と二重の惨害《さんがい》を被らねばならん。現にこのとき も、江西における官兵の暴虐があり、流賊《りゅうぞく》よりもひどくて手のつけようもなかったのである。

かねて、陽明先生が学者たるばかりでなく、三軍の将帥《しょうすい》にも任ずべき人物であることを注目していた兵部尚書（軍部大臣）の王瓊《おうけい》は、この機会に特に彼を抜擢《ばってき》登用して、動乱地方を巡撫《じゅんぶ》させることに決め、ついに正徳十一（一五一六）年九月（あるいは八月）には彼を左《さ》（右）僉都御史《せんとぎょし》（地方行政の監察長官）に任じ、南贛《なんかん》（江西）巡撫を命じた。少年のころ、伏波将軍・馬援に私淑した先生が、奇しくも戦場に立って叛乱を鎮定せねばならん運命に際会したのであります。

ところがそのころ、武宗《ぶそう》皇帝は少年のときから宦官の手に育ち、一面乗馬や騎射を好むところもあったが、型のごとく遊蕩《ゆうとう》に耽溺《たんでき》し、妙な異国趣味、エキゾティシズムがあって、全国から美女や楽人を集めて「新宅」を作り、回教寺院のような宮殿を建て、豹房と称した。後宮には商店街を造り、自ら商売をやってみたり、酒房に酔臥《すいが》するというふうであった。ちょうど後漢の霊帝《れい》そのまま、だいたいこのごろの六本木やら銀座の裏通りと同じようなことをやっておったわけであります。武宗は十四歳で即位したが、霊帝も同じく十四歳で帝位につき、万事において胡風《こふう》（北方民族の風習）を好んで、胡人の舞楽を取り入れ、自ら驢車《ろしゃ》を御し、西園に模擬店を営み、後宮の美人を仮装させて飲食店を開き、酔歌放蕩をほしいままにした。

武宗の正徳年間というのは、親王三十、群王二百十五、文官二万四百、武官十万、吏五万五千でありました。これは大変な数で、財政は窮迫して俸禄《ほうろく》にも事欠き、治安は至る所悪化の一途をたどっておった。この地方官庁の窮迫、常備軍の不振、叛乱に対する討伐の無策、良民と匪賊との混淆《こんこう》などに対して、よほどの見識・勇気と奇策がなければとうてい成功の見込みはない。

陽明先生は贛《かん》につくと、ただちに施政府を開き、官の救恤《きゅうじゅつ》を宣伝して、取りあえず良民の過激化を防ぐとともに、ひとたび暴徒に投じた者も再びもとの良民に復帰せしめ、暴徒と良民を分離して秩序を収拾することに努めた。そして各地域に十《じっ》家牌法《かはいほう》を施行し、十戸一組の小自治体、つまり隣組ですが、それを組織して連帯責任を取らせ、人間の出入移動を取り締まり、不逞《ふてい》の徒の横行を防ぎ、別に諭俗四条を頒布して、各家の良心に訴えた。

一方、官軍の堕落と頽廃《たいはい》に見切りをつけ、各地から義勇兵を募集選抜して、訓練と軍紀に意を用い、戦備を着々と整えて、まず福建漳南《しょうなん》一帯の暴徒を難なく掃蕩《そうとう》した。これは横水《おうすい》・桶岡《とうこう》・浰頭《れんとう》の諸賊に大いなる衝撃であった。彼はその気配に乗じ、しばしば至誠人を動かす勧降の告諭を諸賊に発した。これはなかなか名文で、ひとたび戦闘を開始すれば、その奇略勇武はまったく天縦《てんしょう》の将軍である。天のほしいままになせる天才的な将軍ぶりであります。かくして十二年の正月から翌年三月までの間に、さしも頑強であった湖広、江西、福建諸省の叛乱を根底から掃蕩したのであります。

普通なら寇盗《こうとう》亡んで、郷村また廃墟と化するのであるが、先生はさすが哲人であった。彼の軍隊の過ぐるところ、そこに秩序の回復、産業の保護、教育の施設が行われた。彼自身は陣中にあっていささかも平日と異なることなく、従容《しょうよう》として弟子と学を講じ道を論じて倦まなかった。昨夜教えを聴いた弟子が、翌朝早く師を陣中に訪ねると、彼はすでに兵を率いて進発していることもあった。有名な先生の語、

「山中の賊を破るは易く、心中の賊を破るは難し」

は、この正徳十三年戊寅《ぼいん》の春、贛にあったとき、弟子の薛尚謙《せっしょうけん》に与えた手紙の中から出た言葉であります。

「向《さき》に横水に在るや、嘗《かつ》て書を仕徳（名は楊驥《ようき》）に寄せて云う、『山中の賊を破るは易く、心中の賊を破るは難し』と。区々（私）が鼠窃《そせつ》を剪除《せんじょ》せしは（鼠のようなこそ泥を平らげたのは）、何ぞ異とするに足らん、若《も》し諸賢心腹の寇《あだ》を掃蕩して以て廓清《かくせい》（世の乱れをはらい清める）平定の功を収めなば、これ誠に大丈夫不世（世の中にめったにない）の偉績なり」

と言うわけであります。陽明先生は実に達者で、おそらくこういう手紙を貰った弟子たちはみな感奮興起したと思う。

戦陣の間に従遊して、師の教学に参じた弟子たちの文字通り真剣さもまた感嘆に堪えません。年譜の正徳十三年七月（四十七歳）の条に、

「先生賊塁に出入し、いまだ寧居《ねいきょ》（安寧に生活する）に暇あらず」

とあり、しかるに講習して散じなかった弟子として、その人々の名を列挙してあるが、薛侃、欧陽徳、梁焯《りょうたく》、何廷仁《かていじん》、黄弘綱《こうこうこう》ら二十七人に達している。その間、

先生は特に『大学』の本義を講習し、七月には『古本大学』を刊行した。このことは、彼の教学に関して一つの根本的な重要問題であります。

『大学』は『中庸』とともに本来『礼記《らいき》』の中の一篇で、後漢以来もっぱら鄭玄《じょうげん》の註で読まれてきたものであるが、宋になって司馬光がこれを『礼記』の中から抜き出して単行本とし、二程子が旧来の『大学』には錯簡（書物の字句を間違える。昔は竹の簡《ふだ》で書物を編んだから）があるとして、新たに定本を作り、これに基づいて朱子がさらに自家の見解をもって原本を経伝《けいでん》に分かち、伝の第五章に「格物致知」の一章を補い、経一章、伝十章に分かって、まったく古本の面目を改めた。これがその後世に盛んに行われるに至った朱子の章句本である。これに刺戟《しげき》されて、一家の見識を以って自家の定本を作る者も少なくなかった。

陽明先生も竜場謫居時代、真剣な思索求道の間に朱子の『大学章句』を読んで、これを旧本に徴し、疑問を持つに至った。その後、次第に検討してみると、多年伝来してきた古本のほうが文意も明白で、工夫実践のうえからも易簡《いかん》で入りやすい。朱子のように何ら改正補緝する必要がないという確信に到達した。そこでこの刊行になったのであるが、これには序を付してその意を明らかにした。その後も先生は

思索研究を怠らず、この序も再三改定された。黄勉之《こうべんし》（名は省曾、字は勉之。五獄と号した）に与うる書には、

「古本の釈、已《や》むを得ざるなり。しかれども敢えて多く辞説をなさず。正に恐る葛藤纒繞《かっとうてんじょう》（葛《つた》かずらがまといつくように紛糾する）せば則ち枝幹反《かえ》って蒙翳《もうえい》（蔽《おお》われて暗くなり、木が弱る）をなさん耳《のみ》。短序（自分の序）亦た嘗て三たび稿を易《か》う。石刻はその最後の者。今各往《おのおのさきの》一本亦た以て初年の見《けん》を知るに足るも、未だ拠って以て定となすべからざるなり」

と記している。これもまた先生の恐れた通り紛議続出した。有名な羅整庵《らせいあん》（諱は欽順、字は允升《いんしょう》）との問答もその一例であります。

例えば、古本「在親民」を朱子は「新民」と解説している。民を新たにすると解するのは、後世的理論的な見解から進歩した考えとも評されるであろう。毛沢東などは、しきりにこの新民派だ。しかし、陽明的考え方によれば、やはり「親」のほうが誠で、易簡で、実践的である。現代的に言えば、民と疎隔《そかく》し断絶するのがいけないので、人間はまず親愛して初めて生きられるものであり、ともに計ることができるとする。後に陽明先生が提唱する「良知」の説をここにおいてもすでに解する

ことができる。

『古本大学』について、同年八月、門人・薛侃が徐愛の所録十四条ならびに題言・跋《ばつ》各一篇を上巻、陸澄所録の八十条を中巻、自録の三十五条を下巻として、徐愛が自ら記していた「伝習録」の名を採って、現行本『伝習録』の上巻をなす初版本を刊行したのである。その後六年が過ぎた嘉靖三（一五二四）年、陽明先生五十三歳のとき、弟子の南大吉《なんだいきつ》（字は元善、瑞泉と号す）が前書の下巻として刊行し、先生没後二十八年を経た嘉靖三十五（一五五六）年、銭徳洪（字は洪甫、緒山と号す）が前二書に漏れた語録を編輯して、ここに従来の下巻が中巻となり、新たに下巻ができて現行の『伝習録』となった。こうして不朽の『伝習録』は生まれたが、これに反して千秋の恨事が生じた。それは陽明先生にとって、まさに孔門の顔回であった徐愛が早逝したことであった。彼は病のため、義兄でありかつ最も尊崇した師である陽明先生の軍に従って、他の弟子のように教えを聴くこともできず、故郷に帰って師の帰任をひたすら待望しておったのに、はかなく他界した。歳僅かに三十一。

陽明先生の「徐曰仁《えつじん》を祀る文」に曰く、

「ああ痛ましいかな曰仁、吾れ復た何をか曰わん。爾《なんじ》の言吾が耳に在り。爾の貌《ぼう》吾が目に在り、爾の志吾が心に在り。吾れ終に奈何《いかん》すべきや。記す、爾湘中《しょうちゅう》（湖南省）に在りて還る。嘗て予に語るに、寿の長久なる能わざるを以てす。予その故を詰《と》う。云う、『嘗て衡山《こうざん》（湖南の名山）に遊ぶ、夢に一老瞿曇《くどん》（老僧）曰仁の背を撫し、謂うて曰く、〝子顔子と徳を同じうす〟。俄《にわ》かにして曰く、〝亦た顔子と寿を同じうせん〟。覚めてこれを疑《まど》う』と。予曰く、『夢のみ。子《きみ》これを疑うは過ちなり』。曰仁曰く、『これ亦た奈何すべき。但今疾《しつ》を告げて早く林下に帰り（退休する）、冀《ねが》わくば先生の教えに従事し、朝に聞く所あれば夕べに死すとも可なり』と。ああ吾れ以為《おもえ》らく、『是れ固《もと》より夢のみ』と。孰《たれ》か乃ち今にして竟《つい》に夢みし所のごときを謂《おも》わんや。向《さき》の云いし所それ果たして夢か、今の伝うる所、それ果たして真か。向の夢みし所亦た果たして妄か。ああ痛ましい哉《かな》。曰仁嘗て予に語る、『道の明らかならざる幾百年なり。今幸いに見る所あり而してまた成る所なし。亦た尤も痛むべからざらんや。願わくは先生早く陽明の麓（浙江省の会稽《かいけい》山麓）に帰り、二三子と斯道《しどう》を講明して以て身を誠にし後を淑《よ》くしたまわんことを』と。予曰く『吾が志なり』。――朋友の中《うち》、能く復た予を知るの深き、予を信ずるの篤き、曰仁のごとき者あるか。それ道の明らかならざるや、知らず信ぜざるに由る。――曰仁の計を得てより、蓋《けだ》し哽咽《こうえつ》（涙に咽《むせ》び、喉がふさがる）して食する能わざるもの両日。人みな余に食を勧む。ああ痛ましいかな、吾れ今復た人世に意ある無し」

「吾れ今復た人世に意ある無し」、君が死んだので、私はもう生きている気もないと、惻々《そくそく》としてほとんど読むに忍びぬものがあります。

第四章——最後の軍旅と長逝

寧王の叛乱と平定

さて、ようやく匪賊を平定して、切に帰養（家に帰って父母を養う）と講学を念願しておった陽明先生を新たに待ち受けていたものは、さらに大いなる親藩・寧《ねい》王宸濠の叛乱であった。寧王とは太祖の子で熱河《ねっか》（直隷《ちょくれい》省承徳府の別名、遼河《りょうが》の上流にある塞外《さいがい》の地）の大寧に封ぜられた朱権に始まるが、永楽帝の後、江西《こうせい》の南昌《なんしょう》に封ぜられ、依然として寧王の称を許されてきた。その第四代の宸濠は、文史に通じた才人で、太祖の後、直系の二代目・建文帝を倒して天下をとった永楽大帝（燕《えん》王《おう》・棣《てい》）にならって、その不肖なるものであった。彼は宗室に対して野望を抱き、いち早く劉瑾らにも手を廻《まわ》してこれを懐柔し、武宗の左右を買収して、禁制の近衛兵を復活し、自ら国王と称し人材を招き、一方、土匪《どひ》を使嗾《しそう》して叛乱を起こさせ、治安に名をかりて武器を集め、野望は日増しに露骨になった。政府当局にも決して具眼者《ぐがんしゃ》がなかったわけではない。江西の按察司《あんさつし》副使の胡世寧《こせいねい》のごときは、敢然として実情を上奏したが、寧王の手が廻っていたのでかえって特別警察の獄（錦衣《きんい》獄）

に投ぜられる始末であった。

しかし因果の理法というものは、実に微妙で、小人姦邪《かんじゃ》の謀計《ぼうけい》も思わぬところから破綻《はたん》をきたすものである。かねて寧王が結託しておった朝廷の佞人《ねいじん》である銭寧《せんねい》・楊廷和《ようていわ》・張鋭・江彬《こうひん》・張忠らは、彼ら同志の内部において、また互いに猜疑嫉視《さいぎしっし》して油断のならない間柄であった。小人というものは本当に困る。小人たちによって国が自滅するということは古今に変わらん。みんなで勢力争い、鞘当《さやあ》て、疑惑、謀略、それで次第に混乱に陥り、闘争が始まる。そのうち特に張忠、江彬は銭寧と仲が悪く、寧王の横暴がつのり逆心が露骨になるにつれて、危険を感じた彼らは密《ひそ》かに変心して、銭寧を裏切り、武宗皇帝に寧王の意図を密告した。その結果、寧王を問責し、護衛の軍を廃止させるため、勅使が南昌に差遣《さけん》されることになったのである。

思わぬ形勢の変化に驚愕《きょうがく》した寧王は、身の危険を恐れ、先手を打って敢然蹶起《けっき》する腹を決め、たまたま正徳十四（一五一九）年六月十三日、王の誕辰《たんしん》に当たり、各地の代表者を集めて寿宴《じゅえん》（祝宴）を催し、翌十四日はその謝宴が開かれるのを好機に、挙兵に決した。かくして六月十四日、謝宴の拝礼が終わると、王は衛士数百を従えて露台《ろだい》に現れ、バルコニーに出てきた。厲声《れいせい》一番、太后《たいこう》の密旨により兵を起こし、朝に入って国を監《かん》する宣言を行った。都御使《とぎょし》（司政監察長官）の孫燧《そんすい》は毅然《きぜん》として起ち、

「密旨はいずくに在るか」

と詰問した。王は、

「余計なことを言うな」

と一喝して、

「我はこれより南京に向かう。汝《なんじ》は侍衛するか」

と威嚇した。孫燧は王を睨《にら》みつけ、声を激しくして、

「天に二日《にじつ》なし。臣に二君あろうか。太祖の法制が厳存している。誰かあえてこれに違《たが》うか」

と言い切った。王は大いに怒り、ただちに命じて孫を縛らせた。衆は驚愕し、相顧みて色を失った。監察副長官の許逵《きょき》は大呼して、

「孫都御使は朝廷の大臣である。汝ら反賊あえてほしいままに殺さんとするか」

と詰責《きっせき》した。衛士は孫の左臂《さひ》（左のひじ）を打ち折り、許を縛し、恵民門外に曳《ひ》

き出して惨殺した。時に一天にわかにかき曇り、城中涕《なみだ》を流さぬ者はなかった。

陽明先生がかつて、二十一歳で浙江の郷試に及第したとき、会場夜半緋緑《ひりょく》の衣を着けた二巨人が東西に立って、

「われわれ三人大いにやろうではないか」

という夢をまざまざと見たことがあった。そして胡世寧と孫燧はそのときの同じ及第者であったというエピソードについてはすでに述べている。その二人が結局この叛乱の犠牲となり、陽明先生がこれを平定することになった。先生が死して十年の後に、浙江の郷人は同仁祠《どうじんし》を建てて、この三人を祀《まつ》った。陽明先生が免れたのはまったく奇跡であった。こういうのを運命というのだろう。仮に先生が居合わせたとしたら、いったいどうなったであろうか。それを考えるのもまた興味深いことであります。

寧王はやはり最も陽明先生を畏《おそ》れ、懐柔をも考えていた。先生もかねて注意を怠らず、あるときは聘《へい》（招き、招聘）を受けて門人の冀元亨《きげんこう》（字は惟乾、闇斎《あんさい》と号す）を派遣した。元亨は観念論者ではなく、実行を貴ぶ学風で、陽明先生が養子・正憲をこれに師事させたほどの人物である。寧王は彼を引見して、いろいろと謎《なぞ》をかけ

てみたが、彼は一向に気がつかぬ風をして、しきりに学を論ずるので、王はすっかり馬鹿者扱いにしてしまった。人物を観る目がないから、すっかり誤魔化されたのであります。

寧王挙兵の数日前、たまたま福州にも叛乱があって、陽明先生はそれに急行するよう官命を受けた。王はそれを知って兵千余を派遣し、先生の舟航《しゅうこう》を要撃（待ち伏せて攻撃する）させるはずであったが、たまたま大風のため、陽明先生も予定を変じ、十八日に廬陵《ろりょう》の吉安《きつあん》に着いた。彼が竜場の謫居から免《ゆる》されて知事に赴任した懐かしい地である。ここにきて彼は寧王の叛を朝廷に急報し、江西各地に宸濠の罪状を布告して討伐の動員令を発した。これこそ陽明先生の非常な見識というもので、彼が戦略・軍略にも天才的なところがあったということの一つの生きた例でありますが、寧王が大兵を率いてただちに北京を衝く方策に出れば、容易ならん天下の大乱になる。まさに燕王・棣（後の成祖、永楽帝）の革命の二の舞である。さあらずして一路南京攻略に赴けば、長江一帯が大動乱を免れない。もし、寧王が天才的・英雄的な人物であったら、彼は兵を率いて一路本拠をつく、すなわち北京攻略をやる、これは大変危険を伴うけれど、一挙に勝敗を決する。その最も生きた厳しい実例を日本の近代史で言うと、信長の桶狭間《おけはざま》です。敵の本陣に一挙に殺到した。一つ間違ったらもう全滅するしかないけれど、風雨に乗じて一躍して敵の本拠をついた。寝耳に水というのは義元《よしもと》としてはおおよそ考えられません。不意打ちを食らったわけです。やっぱり、英雄というもの自ずから符節《ふせつ》を合《がっ》する。寧王が英雄だったら必ずこれをやった。それを陽明先生がまたちゃんと監察しておった。もし寧王・宸濠に天性の武略か百戦の体験があればこのいずれかに出るであろう。しかし、彼は驕《おご》って軽浮な才人にすぎないから、いざとなると案外臆病《おくびょう》で、居城の南昌《なんしょう》を本拠としていちおう、形勢を観望する策に出るかも知れない。しからばこれを包囲攻撃して、討滅することは難くないとした。

寧王の謀臣であった李士実《りしじつ》や劉養正らは、果たして第一または第二の策を主張したが、陽明先生の明察通り、寧王は下策にとどまり、まず部将を派して北方の南康・九江二府を占領させ、吉安に拠点をおく陽明先生の招致に使者を派し、先生が満を持して放たないのを甘くみて、七月二日、南昌の守備を固め、自ら数万の兵を率い、長江を東進して安徽《あんき》の安慶に滞陣したのであります。

「事上磨錬」と小人の奸計

戦争には流言飛語《りゅうげんひご》がつきものであります。このときも、王陽明先生が拠点とする吉安も危ういという形勢は弟子たちを悩ませましたが、先生は決して動じなかった。そして七月十三日、決然とその病軀《びょうく》を起こして南昌に進撃した。敵の寧王の本拠に進撃したのであります。この飛報に恐怖した寧王は、謀臣の諫止《かんし》を聴かず、急遽《きゅうきょ》、安慶の囲みを解いて軍を廻した。こうなったらもう狼狽《ろうばい》というやつで、明らかに邀撃《ようげき》をくらうことは明瞭《めいりょう》である。豎子《じゅし》（未熟者）はついに陽明先生の術中に陥ったのである。同二十日、寧王の廻軍は南昌を救う暇もなく、府城は脆《もろ》くも陥落し、遅れて二十四日、南昌に近い黄河渡《こうかと》に官軍と激突したが、これまた潰敗《かいはい》、寧王は鄱陽《はよう》湖上に追及され、二十六日、王の乗船は焼き討ちに遇《あ》い、妃《ひ》・婁氏《ろうし》を始め水に投じて死に、寧王と丞相《じょうしょう》・李士実、元帥・劉養正ら五十余人皆逮捕された。妃・婁氏とは、王陽明先生が若き日、教えを受けたあの有名な婁一斎先生の娘であります。これは大変立派な賢夫人であったが、寧王・宸濠は一向諫言を聞こうとしなかった。兵を挙げてより四十三日、陽明先生が吉安より進撃を開始してわずかに十四日にして、この大叛乱もみごとに戡定《かんてい》されたのであります。

陽明先生のいわゆる事上磨錬はますます進み、変に臨んでいささかも乱れず、その信念と自由の境地はまったく歎称《たんしょう》に堪えぬものがある。南昌に入城してからも、彼は日々、都察院に坐って中門を開放したまま、子弟に対して平然として学を講じ、たまたま伝令が駆けつけて、先鋒《せんぽう》の軍の不利を報じても、座中の衆は皆色を変じたが、彼は神色自若《しんしょくじじゃく》たるものであった。後にまた伝令が賊軍の大敗を報ずるに及んで、衆は初めて愁眉《しゅうび》を開いたが、彼は坐《ざ》を立って報告を聞き、指令し終わると、ただちに席に戻って平然として講義を続行したのであります。事実こういうことはなかなかできないものです。しかし、こうなると、いかに周囲の者の人心が動揺しておっても自然に治まる。こういうところが、陽明先生の陽明先生たる所以であり、陽明学の真骨頂の一情景である。

寧王・宸濠の挙兵に震駭《しんがい》した朝廷は、事態の意外に急速な解決にむしろ惘然《ぼうぜん》（茫《ぼう》然《ぜん》として自失する）たるものであった。常識よりすれば、朝廷皆驚喜して、もとより陽明先生に対しては優渥《ゆうあく》（恩恵が行きとどいて手厚い）をきわめた恩賞があるはずであります。しかるに事実はその逆であった。初め飛報が朝廷に達したとき、軍事大臣の王瓊《おうけい》はただちに緊急会議を開いて報告した。この人はなかなかできた人物であった。しかるに寧王の勢力と前途を恐れ、あるいは内々寧王と苟合《こうごう》（安易に気を合わせる）しておった廷臣らには容易に意見を吐く者がなかった。しかし硬骨な王瓊は毅然として寧王の叛逆を弾劾し、天下にその罪名を布告し、討伐令を要路に下すことを敢行した。

ところが、意外にも早く捷報《しょうほう》（勝ち戦の報告）が着いた。そうすると廷臣らは俄《にわ》かに強がりを始め、捷報を秘して親征を決議し、頽廃《たいはい》的な半面に、武張《ぶば》ったことの好きであった武宗は、自ら総督・威武大将軍・鎮国公と、言うに言うたり、えらい名前をくっつけて京師を進発した。許泰を威武副将軍に任じて先鋒とし、宦官の取り締まり役である太監《たいかん》・張忠を提督に、江彬、張永らを参謀に従えて、数万の軍を徴しての進発であった。馬鹿なことをやったもので、驚いたのは陽明先生である。

打ち続く動乱のために、地方民衆は疲弊して生活に苦しんでおる。この機に政府は従来の積弊を改めて、大いに庶民の救恤《きゅうじゅつ》にこそ尽くさねばならないのに、さらに大軍を率いて親征などとは何事であるか。先生は上疏《じょうそ》して切諫《せっかん》したが、もとより顧みられるものではなかった。いや、事態はそれよりもっと悪化した。

寧王捕縛の後、陽明先生は彼ら捕虜を有司の手に託することはなお甚だ危険であるとして、自ら北京に罪囚を護送する旨上疏したが、許泰らは皇帝に密奏（ひそかに上奏する）して、すでに叛賊は王守仁（陽明先生のこと）らに捕らえられ、陛下親征の適当な対象がない、と言うてこのままでは虚《むな》しく天下の笑い話になるし、かつ江南巡幸の名目が立たない。宜《よろ》しく王守仁らに密諭して、宸濠らを鄱陽湖中に放ち、しかるのち車駕《しゃが》親征して生《い》け捕《ど》りされるが宜《よろ》しいと勧めた。馬鹿にもほどがあるが、とんでもない計画を立てた。実に信じられないような卑劣さである。よって陽明に宸濠ら引き渡しの使者を派遣したが、陽明先生はこれに応ぜずして杭州《こうしゅう》に到着するのであります。

許泰らは憤懣《ふんまん》焦慮し、陽明先生を憎んで、彼は元来寧王と気脈を通じ、現に門人・冀元亨を派遣して援兵の密約まで結んだのであるが、いち早くその失敗を知って、逆に寧王を討って、わが罪を掩《おお》うたものであると讒誣《ざんぶ》（無実のことを言い立ててそしる）し、弟子の冀元亨を捕らえて南京の法廷に拷問を試みた。

このとき、親征軍に張永がおらなかったら、陽明先生はその軍功の故にいかなる災厄に遭遇していたかもしれない。張永は宦官の中でただ一人、陽明に心服しておった、同情者である。陰に陽に陽明先生を庇護《ひご》し、自ら請うて事実の真相を究明すると称し、杭州に赴いて陽明先生と会見し、諄々《じゅんじゅん》と内情を説いた。群小の怒りを侵して国家の大事を破ってはならんということをねんごろに訴え、罪囚を自分に渡してもらえまいかと談合した。陽明先生も彼の懇請と苦衷《くちゅう》とを深く感謝し、ついに宸濠らをすべて彼に引き渡し、病と称して西湖の浄慈寺《じんずじ》に休養した。

執拗《しつよう》な許泰・張忠らは、なお寧王の余党の誅伐《ちゅうばつ》を名分として南昌に出馬し、無頼の軍兵はほしいままに民家に宿泊し、市井を横行し、陽明側の者とみれば迫害したが、陽明先生は隠忍自重《いんにんじちょう》して、あらかじめ若い男女を田舎に避難させ、老人に家を護《まも》らせ、かえって京軍《けいぐん》を慰撫《いぶ》した。こういうことには戦争や内乱を何千年も繰り返してきている中国の民衆、村民というものは、実に訓練されておる。歳もようやく暮れて人心凄涼《せいりょう》を覚えるころ、いたるところ戦乱による犠牲者の追悼を行わせた。鐘を鳴らしてお経を読ませる。京軍の兵士もこれにはひとしお郷愁を催し、また次第に陽明先生の徳政に対する共鳴も広まった。許泰・張忠らも不安に駆られ、ついに南昌を撤退し、皇帝に残敵掃蕩を報じ、車駕を擁《よう》して南京に入った。その間に一つの笑話がある。

ある日、許泰・張忠らは、陽明を招いて自慢の射技競《くら》べを申し入れた。武宗は騎射が好きで江彬はその名手であったために、彼らも習い覚えたものであろう。ところが陽明先生は若いころ、いわゆる「五溺」のうちで騎射に耽った。さりとは知らぬ彼らに陽明先生は応じて出て、たちまち三発三中、一中ごとに環視《かんし》の軍兵は歓声を挙げて共鳴した。許泰・張忠らはこそこそ引き揚げたという、こういう一幕もあった。

そのうちに歳は暮れて、世は正徳十五（一五二〇）年の春となった。腹の癒《い》えない許泰・張忠らはさらに相謀《あいたばか》って、陽明先生を南京におびき寄せ、ほしいままに任地を離れたかどをもって処罰しようとしたが、陽明先生はまたその奸計を知って南昌を出なかった。しからばと今度は、皇帝に陽明謀叛の疑いのあることを訴え、試みに喚問して応じなければ処分すべきことを進言した。陰謀もここまで深刻になれば、いかなる明智《めいち》をもってしても免れがたいが、このときも張永の内報によって、彼は召還の書を受けると、即日出発して蕪湖《ぶこ》に着いた。また案に相違した許泰・張忠らは偽命を発して入京を差し止め、彼は空しく蕪湖に半月を費やさねばならなかった。彼は怏々《おうおう》（心満足せず楽しまないさま）として九華山に入り、昔懐かしい化《け》城寺《じょうじ》をたずね、地蔵堂を訪い、道者をみて感慨無量であった。前にも述べたように彼は十七歳の夏に南昌に行ってそこの役人だった者の娘をもらって婚礼をしたが、その婚礼の日に、どうしたことかフラリと家を出て、ここへ登って道者と問答をしておる。

張永は終始、陽明先生の雪冤《せつえん》（無実の罪をそそぎ清める）に尽力して、ようやく二月、南昌に還《かえ》ることができた。小人という者はよくこんなに知恵が回るものだと思うほど、手をかえ品をかえて、陽明先生を陥れようとしたが、幸いにこういう知《ち》己《き》がおったので免れることができた。彼がおらなかったらさすがの陽明先生も免れきれるものではなかった。運命というものであり、また知己というものの貴いところであります。

たまたま四月、江西に大氾濫《だいはんらん》があり、彼はその惨害と民衆の疾苦《しっく》を報じ、すべて自己の責任に帰して皇帝の意を動かそうとした。そして地方の物情を鎮めるため、六月、また贛に赴いて閲兵し、演習を行うた。江彬らがこれを調査したことはもちろんである。弟子たちは成り行きを案じたが、彼は灑々落々《しゃしゃらくらく》たるものであった。その間に賦《ふ》した傑作に有名な「啾々吟《しゅうしゅうぎん》」がある。

知者は惑わず仁は憂えず
君何ぞ戚々《せきせき》として双眉愁うる
歩に信《まか》せて行来すれば皆坦道
天に憑《よ》りて判下す　人謀にあらず
之を用うれば則ち行き　舎《お》けば則ち休す
此の身浩蕩《こうとう》　虚舟浮かぶ
丈夫落々　天地を掀《あ》ぐ
豈《あ》に顧みて束縛　窮囚の如くならんや
千金の珠　鳥雀を弾じ
土を掘るに何ぞ属鏤《しょくる》を用うるを煩わさん
君見ずや　東家の老翁　虎患を防ぐを
虎　夜　室に入って其の頭《こうべ》を銜《ふく》む
西家の児童　虎を識らず

竿を執って虎を駆ること牛を駆るが如し
痴人　噎《えつ》に懲《こ》りて遂に食を廃し
愚者　溺《でき》を畏《おそ》れて先ず自ら投ず
人生　命に達すれば自ら灑落《しゃらく》
憂讒避毀《ゆうざんひき》　徒《いたず》らに啾々たらんや

＊知者は惑わず…「知者は惑わず、仁者は憂えず、勇者は懼《おそ》れず」（『論語』子罕篇）。
＊之を用うれば…「之を用うれば則ち行き、之を舍けば則ち蔵《かく》る」（『論語』述而篇）。
＊虚舟…人や荷物を載せていない空っぽの舟。
＊属鏤…名剣。
＊噎…喉につまる。

かくして皇帝側近の小人群と陽明先生との対立はいつ果つべしともわからなかったが、張永らの斡旋《あっせん》によって、ついに先生が捷報《しょうほう》を改めて提出し、叛賊平定の功績は許泰・張忠らの授けた計が宜しきを得たるによって完遂したとして、初めて彼らの諒承《りょうしょう》を得たのであります。冬の十二月、皇帝は宸濠らを誅戮《ちゅうりく》して、北京に還《かん》御《ぎょ》した。

陽明先生はここに五十歳の春を迎えることになりました。彼の睡起偶成《すいきぐうせい》の詩（有名な首尾吟《しゅびぎん》）は実によくその心境を詠出《えいしゅつ》しているのであります。

四十余年睡夢の中
而今《いま》醒眼《せいがん》始めて朦朧《もうろう》
知らず日すでに亭午《ていご》を過ぐるを
起《た》って高楼に向《すす》んで暁鐘を撞《つ》く

起って高楼に向んで暁鐘を撞く
尚《な》お多くは昏睡正に懵々《ぼうぼう》
縦令《たとえ》日暮るるも醒むるを猶《な》お得ん

信ぜず人間耳　尽《ことごと》く聾《ろう》すと

何時《いつ》の間にか自分は四十余を過ぎ、夢うつつの間に年を取ってしまって、いまごろになって、やっと心眼が目覚めて初めて朦朧。やっとぼんやりわかるような気がする。陽明先生にしてこう言うのですから恐れ入るものであります。気がついてみるともう昼下がり。もう真っ昼間を過ぎておる。起きて高楼に向かって、暁鐘を撞く。高楼に鐘があるんだから向かってというのは、日本流に読むからそうなるので、本当は場所を指します。おき字、助詞であります。だから、高楼に進んで、高楼において、あるいは高楼にでもいい、ともかく暁鐘を撞く。

馬鹿な話であるが気がついてみると、世間の多くの人間はまだ寝込んでおる。自分どころの騒ぎじゃない。みなグーグー寝込んでおる。しかし、たとえ日が暮れても何時かは目を覚ますだろう。全然目が覚めなければ死んでいる。人間の耳はみな聞こえない。だからとにかく何でもいい暁鐘を撞くんだ。

この詩は実によく人口に膾炙《かいしゃ》しておる。そしてまたしみじみ味わってみると、誰しも、特に四十を過ぎたという年齢になった者は、実にたまらない身に沁《し》みる感慨の詩であります。けれどもほとんど後を知らん。後がなければ興味が半減する。後を受けて作ったこの詩があって初めて意味が出ると同時に非常な深みと感慨感激が生ずるのであります。

「致良知」への確信

春三月、武宗はその愛好した異国趣味の宮殿・豹房に崩じ、嗣子《しし》もなく、皇太后の遺詔《いしょう》として武宗の叔父の子である世宗の即位となった。それとともに宮廷は粛清が行われ、武宗を奉じて奸曲《かんきょく》をほしいままにしておった江彬らは斥《しりぞ》けられた。陽明先生にもようやく光明が還ってきたが、彼にとってまた傷心に堪《た》えなかったのは、彼のために寧王・宸濠に使いし、許泰・張忠・江彬らの奸計にかかって投獄された冀元亨《きげんこう》がようやく釈放されて、僅かに五日の後に亡くなったことである。彼は獄中にあって諸囚を遇すること兄弟《けいてい》のごとく、囚人皆その徳に感泣《かんきゅう》したというからよほどできた人であったと見える。彼の妻も烈婦であったのであります。

陽明先生は彼のためつぶさにその冤《えん》を説き、

「自分は義として彼と死を同じうする者である。多事紛々の日、万一にも玉石を分かたず、忠邪倒置して、いたずらに義士の志を沮《はば》み、叛賊の心を快《こころよ》くするようなことがあれば、自分は後これに継ぐに死をもってしても、その痛恨を贖《あがな》うことはできない」

と述べて、当局の公明な措置を督促している。この手紙を原文で読みますと、実に感動させられるものであります。また遺族のために優恤《ゆうじゅつ》（手厚く恤《あわ》れみ救済する）を仰ぎ、

「奸人をして事久しく論定まるの公を知らしめ、善類をして徳をなして殃《わざわい》を降すの惑いなからしめば、民風士習において役立つであろう」

と懇説しておるのであります。

朝廷では一応、粛清が行われました。しかし、多年の宿弊は容易に改まるものではなく、陽明先生を重用した大功ある軍部大臣の王瓊《おうけい》も、内閣首班の楊廷和《ようていわ》と合わずに辺地に左遷させられ、陽明先生に対する大切な論行功賞もはかばかしく行われなかった。先生はもとより自己の栄辱得失《えいじょくとくしつ》など念頭になかったが、多年にわたって辛苦艱難《しんくかんなん》をともにした部下や多くの殉難者が、当局の顧みるところとならないこ

とを深く苦痛にした。この辺りは日本の前九年の役《えき》、後三年の役の源義家の時の宮廷などを連想せしめるものがあります。

年譜によると、先生は六月、南京の兵部尚書、すなわち軍事大臣に陞任《しょうにん》し、十二月には新建伯に封ぜられた。しかし翌嘉靖《かせい》元（一五二二）年正月、上疏して封爵を辞し、恩賞を普《あまね》くして、国典（国法）を彰《あき》らかにすべきことを願ったが受け入れられなかった。その二月には父の海日翁《かいじつおう》竜山公が歳七十をもって永眠した。朝廷はこの父および祖父・竹軒に新建伯の封爵を贈った。前年の九月、陽明は久しぶりに故郷の余姚に帰り、祖先の墳墓に詣《まい》って、自分の生まれた瑞雲楼《ずいうんろう》にも立ち寄り、自分の胎衣《えな》が蔵してある地を見て、佇立涕泣《ちょりつていきゅう》したというのであります。

ともあれ、正徳十六（一五二一）年、先生にとって五十歳という年は特に意義深い一年であった。宸濠の叛乱や、張忠・許泰らの深刻きわまる迫害の事上磨錬（体験の事実によって鍛えていくこと、実際問題に対処しながら自分を磨く、練ること）を経て、陽明先生はいよいよ「致良知」の説を提唱する確信、不動の境地に達したのであります。

先生の提唱する「致良知」を解説すればこうなる。「良知」という語は、良能とともに『孟子』によってあまねく知られた言葉である。
「孟子曰く、人の学ばずして而して、能《よ》くする所の者は、その良能なり。慮《おもんぱか》らずして而《しこう》して知る者はその良知なり。孩提《がいてい》の童《わらべ》もその親を愛するを知らざるなきなり。その長ずるに及んでや、その兄を敬するを知らざるなきなり」（『孟子』尺心章上）
から採られています。「良知」という言葉は人間の優れた知能知覚のことと考えられやすいのですが、そうではなく、「良」はアプリオリ、つまり先天的に備わっているという意味であります。先天的に備わっておるところの実に意義深い知能、それを「良知良能」という。それを間違えるとどこまでいってもはっきりしない。良という字に騙されてはいけない。騙すといったらおかしいが、拘《こだ》わってはいけない。「良知」というものは天然自然に備わっている働きという意味で、それ故に根源的・本能的・究竟的であります。
天地は万物を生成化育してきました。そして人間にいたってその万物を知るという霊妙な存在に到達した。人が知るということは経験を重ねてその対象を意識する、確かめることであり、物の世界、自然界は、人間が我を離れて存在すると考えるものでありますが、直接には我を離れた存在ではなくて、我の意識であり、我の所産

である。まさに陸象山のいわゆる、

「宇宙内のことは、即《すなわ》ち己《おの》が分内のことであり、己が分内のことが即ち宇宙内のこと」

で、宇宙すなわち「是《こ》れ吾心」、吾心すなわち「是れ宇宙」である。これは単なる観念論、唯心論というものでない。具体的な経験、把握の問題であります。天地万物を究明しようとするならば、そうせねばならんのが人の性であるが、それにはまず我の内に復《かえ》って自性を徹見せねばならんのであります。

われわれの身体は一時の形質であるが、生命は永遠の相続である。身体に伴う意識、すなわち知覚・思惟・論理・批判・打算・欲望・感情などいろいろあるが、そういうものは、生じたかと思うと消える。消えたかと思うと生ずる。まったく、たとえて言うなら、雲煙の去来なんであります。

しかし、われわれの意識の深層は無限の過去に連なり、未来に通ずるものである。それは、祖宗以来の経験・記憶・思考・知恵・創造の不思議な倉庫・宝蔵・無尽蔵であり、肉体の感覚器官に制約されず、原体験の送信に応じて、神秘な解答や指令を発信するものであることが、今日の科学によってもすでに相当に解明されている。

陽明先生はその真剣な思索と体験を究めることによって、「良知」をこの意味において徹悟したのであります。これは宗教家に限られるものではなく、科学者も芸術家も為政者も軍人も、誰もが参じ得る人間の神秘である。もとより偶然に得られるものではなく、あくまでも厳しい努力によって初めてあり得ることであるから、先生は特に「致」という一字を「良知」に付したのである。「致」とは至る、究めるという意味であります。

「僕誠に天の霊に頼《よ》ってたまたま良知の学に見るあり」（聶文蔚《じょうぶんい》に答うる書）

というのも切実であります。これは竜場に謫居《たっきょ》したときの体験であります。弟子の陳九川《ちんきゅうせん》に答えて、

「わがこの良知の二字は実は千古聖々相伝《そうでん》の一点滴骨血なり」

と説いたのも感銘深いものがある。滴骨血とは墓中の骨に血を滴らせて、先祖の骨か否かを判別する中国の古い習慣であります。六朝時代から、墓が荒れる、暴《あば》かれる。その墓に行って、これが本当の自分の先祖の墓かどうか訝《いぶか》しいときは、その骨に自分の血を一滴落としてみる。その骨が血を反発したり、はじいたら他人のものので、本当の先祖の遺骨であるなら骨は必ずその血を吸う、骨に血がしみ通る。そ

れで見分けるという習慣がそのことであります。陽明先生は言葉を活用する名人で、「一摑一掌血、一棒一条痕」など私の好きな言葉です。生々しい感動を与えるいい言葉であります。

　陽明先生の講学が当時いかに従遊の人々を感激させたか、その概況は『伝習録』の下・黄省曾《こうせいそう》（字《あざな》は勉之《べんし》）所録の終わりに鮮やかに描写されています。

「先生初め越《えつ》に帰りし時（正徳十六年、五十歳）は、朋友蹤跡《ほうゆうそうせき》（往き来、足跡）尚《な》お寥落《りょうらく》たり。既後は四方より来遊する者日々に進む。癸未《きび》の年（嘉靖《かせい》二年、五十二歳）以後、先生を環《めぐ》って居る者屋《おく》を比《なら》べ、天妃《てんぴ》・光相《こうそう》の諸刹《しょさつ》（諸寺）のごとき、毎当一室、常に合食する者数十人。夜・臥処《がしょ》なく、更相《こもごも》就席（交替で寝る）し、歌声昏旦《こんたん》に徹す（昏《くれ》に旦《あさ》にたえず響きわたった）。南鎮・禹穴《うけつ》・陽明洞の諸山、遠近の寺刹、足を徙《うつ》して到る処《ところ》、同志遊寓《ゆうぐう》・所在に非ざるなし。先生講座に臨む毎《ごと》に、前後左右環坐《かんざ》して聴く者常に数百人を下らず。往を送り来を迎え、月に虚日なし。在《ざい》侍《じ》（側に侍《はべ》って）年を更《ふ》るも、遍《あまね》くその姓名を記する能わざる者あるに至る。別れに臨む毎に、先生常に歎《たん》じて曰く、『君等別ると雖《いえど》も、天地の間に在るを出でず。苟《いやし》くもこの志を同じうせば、吾亦《ま》た以て形似《けいじ》を忘るべし（形など問題ではない）』。

諸生講を聴き門を出ずる毎に、未だ嘗《かつ》て跳躍して快を称せずんばあらず。嘗てこれを同門の先輩に聞く、曰く、『南都（先生の南京時代）以前、朋友従遊者衆《おお》しと雖も、未だ越《えつ》に在るの盛んなるがごときものあらず』と。この講学日々久しく、孚信漸博《ふしんぜんぱく》と雖も、要は亦た先生の学日々に進み、感召《かんしょう》の機、申変方なく、亦た自ら同じからざるあればなり」

まさに自由自在、実際に見えるように実感のよく出た描写であります。

「孚信漸博」とは、孚は卵がかえる、孵化《ふか》するということで、時期が熟して自然に意識にのぼる、まことの意味であります。易《えき》にも中孚䷼の卦《か》があり、つまり「孚信」は真実、信である。その「孚信《まこと》」が漸《すす》み博《ひろ》し、ようやく博くなるということであります。

また、「感召の機」の感召は、感じ召《まね》く、師弟双方の心が感通する働き、機微であります。

「申変方なく」とは伸び伸びしている、陽明先生の講義は形にはまらず、千変万化、自由自在であったという。こういうことが本当の人間学、身心の学、事上磨錬の学というものであります。今日の教育のように、学校には通うものの、形式的に雑然たる群衆の一人として講堂に入って、また、先生も職務上で教え、一向に熱もなければ気合もかからん、型のごとく講義をして散らばっていくというものではない。皆が師を求めて、それこそ千里を遠しとせずして集まって、そして体で学ぶ。心が通う。これが本当の教学であります。

多士済々の門弟たち

正徳十六（一五二一）年の春、陽明先生は、朱子と相重んじつつ好対照であった陸象山、つまり陸子が孔孟の正伝《しょうでん》を得ながら、その学術が久しく世に顕彰されず、文廟《ぶんびょう》（孔子廟）にも配祀《はいし》されていないのを惜しんで、その出身地である江西の撫《ぶ》州《しゅう》金谿《きんけい》の官吏に囑《しょく》して、その子孫の優遇を行わせ、また『象山文集』を刻してその序を作りました。その序の中で先生は「聖人の学は心学（心の学）である」ことを力説し、同時に、学というものは『中庸』に言うように「精一（これ精、これ一）」の学でなければならん。そうでなければ散漫雑駁になる。精一の学、心学というものが本当の聖人の学で、その意味において陸象山先生は真によく孟子の跡を継ぐものだ、というような褒め方をしております。

陽明先生の教学が盛んになるにつれて、またこれに対する反感や妨害も強くなり、当局の官吏によって陽明学の弾劾が行われたり、嘉靖二（一五二三）年春の会試には心学を主題とする策問（題を設けて試問する）が行われ、陽明学派の受験生を排除しようとした。陽明門下の憤慨も当然に昂《こう》じました。しかし、先生はしきりに慰撫して、無益な論争を戒め、謙虚に自分を抑えることを門下に奨励し、むしろ門下はますます多士済々《たしさいさい》を加えることになりました。自ら標榜《ひょうぼう》する主義・主張を掲げ、容易に人に許さなかった奇傑の王心斎（名は艮《ごん》、字は汝止《じょし》）は、陽明先生が宸濠の叛を平らげて、江西巡撫中に節を屈して弟子《ていし》の礼をとった。なかなか気位が高く、圭角稜々《けいかくりょうりょう》たる人物で、容易に人の弟子なんかになる人物じゃなかったが、それが文字通り節を屈して先生の弟子になったのであります。陽明先生も彼との初見のときに「自分は宸濠を捕らえても一向に心が動じなかったが、いまかえってこの人のために動いた」と言っておる。彼にはさすがの陽明先生もちょっと衝撃を感じたとみえる。先生と十一歳年下であったが、先生は王心斎について、

「意気太高《たいこう》、行事太奇」

と言うた。君は意気がはなはだ高く、行いがはなはだ常軌を逸しておる。そのために、大いに裁抑《さいよく》を加えようと、元来その名は銀であったのをその銀の偏を外して「艮」と改め、字も「汝止」、よくとどまるを知ると改めたのであります。

彼は偽善を排して、堂々自ら命《めい》を創るべきことを主張した。命というものに従う。機械的に支配される。これはいわゆる運命ではなくて、運は動く、巡るという字だから「宿命」である。とどまる宿命観であります。しかし、運命観というものは、もっとクリエイティブ、創造的でなくてはならん。命は創るべきものであります。

王心斎と並んで「二王」と言われた王竜渓（名は畿《き》、字は汝中《じょちゅう》）は心斎よりはるかに若く、十五年下であった。陽明先生が越に帰って学を講じ、異学ということでずいぶん疑惑や非難もあったが、彼は平然として一人従学した。元来、弱冠にして郷試に合格し令名の高かった彼が入門してその感激を伝えたものであるから、たちまち共鳴が伝播《でんぱ》した。彼は直観に勝れ、調子の高い人物であったが、決して着実な努力工夫を軽んじたのではなく、かえってそれを積み重ねること、いわゆる積累《せきるい》をも重んじ、煩悩即菩提《ぼだい》の説などをむしろ斥《しりぞ》け、時務をも閑却せず、経綸の大切なことを力説した。しかし、彼はずいぶん長命で、八十六歳まで生きたのでありますが、後半生をもっぱら講学にささげ、南北両京より浙江、呉楚《ごそ》、閩粤《びんえつ》（中国の東南地方の古名、いまの福建省）に及んで、その教化を広めたのであります。

『竜渓会語』という本がある。この本は中国ではもうなくなっておったが、たまたま朝鮮で発見された。朝鮮総督の嘱託《しょくたく》であった稲葉君山《くんざん》先生が京城で発見したのであります。たまたま私が京城に行ってその話を聞いて、私が総督や池田警務局長に頼んで、それを珍しいから印刷に付して、新しく刊行いたしました。学界で大変に喜ばれたことがありましたが、万暦刊本と表紙の裏に書き入れがあった。その中にこういうことが書いてあります。

竜渓が歳若きころ、日々酒肆《しゅし》に在って博奕《ばくえき》をやっていた。陽明先生はたびたび会ってみようと思ったが、相手にされない。そこで、弟子に旨を含めて仲間入りさせ、一緒に遊ばせておいて、ある日密かに一弟子を遣わし、竜渓がやって来るのを待ち受けて賭けを求めさせた。竜渓は笑って、「腐儒も博《や》れるのか」と言った。お前のような腐れ儒者に博奕がやれるのかいと言った。ところがその弟子は、「吾が師の門下は毎日のようにやっておるよ」と言ったので、竜渓は大いに驚いて、「そんな変わり者なら、ひとつ陽明に会わせろ」と言い、一度の会見ですっかり感激して弟子になった。「才竜渓のごとき、陽明必ずこれを収めんと欲す。しかれども陽明に非ずんば、亦た何ぞ能く竜渓を得んや」ということが書き添えてある。まことに興趣のある記事であるけれども、どうもだんだん竜渓を研究してみると、若いときに酒場に行って博奕をやっておったというようなことは考えられない。おもしろい話だけどこれは作り話じゃないかと思います。

事実ならこれまたはなはだおもしろい。若き竜渓に対して、また別の対照をなす者は浙江省の海寧の人で董蘿石《とうらせき》（諱《いみな》は澐《うん》、字は復宗《ふくそう》）である。彼は当時著名の老詩人でありました。齢《よわい》すでに六十八。ひとたび陽明先生に会うて心酔し、先生が遠慮するのも聞かずに弟子の礼をとって従遊した。故旧や詩友が苦々しく思って帰ることを勧めても、彼は相手にせず、「吾は吾が好むところに従う」と言うて「従吾道人」と号した。陽明先生は『従吾道人記』という物を作ってその終わりに言っております。

「夫子（孔子）嘗て曰く、吾十有五にして学に志すと。これ従吾の始まりなり。七十にして心の欲する所に従って矩《のり》を踰《こ》えずと。則ち吾に従って化す。蘿石は耳順《じじゅん》（六十）を踰ゆ。而して始めて従吾の学を知り、自ら以て既に晩《おそ》しとなすなきなり。

蘿石の勇を充《み》つれば、その化に進むもまた何かあらんや。ああ世の物欲に営々たる者、蘿石の風を聞いて亦た以て適従（適《ゆ》き従う）する所を知るべきか」

「我が好むところに従う」という言葉は後世大変有名になりまして、実に陽明学派では「従吾の学」とか「事上磨錬の学」という言葉が「身心の学」と同様によく使われております。嫌々ながらやるなんていうのは学問ではありません。

嘉靖二（一五二三）年、陽明先生はまだ在越時代で、南大吉（字は元善、瑞泉と号す）は紹興府の知事である。この人は陽明門下の中でも人物・器量ともになかなかの出来物であります。紹興府の知事、お酒で有名な紹興酒の生産地の知事であったが、同時に郷試の試験官でもあった。彼は豪放で小節にこだわらん人物であったが、彼またひとたび陽明先生の教えを聞いて自ら門生と称し、それから三年後の嘉靖五年に当局の忌諱《きい》（忌み嫌う）に触れて官を去っても、一語の得喪《とくそう》（損得）栄辱（名誉と恥辱）の間に及ぶものがなかった。洒々落々たるものであった。そして嘉靖三年十月に、彼は薛侃らが刻した『伝習録』に、さらに陽明先生の「論学書」を加えて続刻したのであります。

その前の八月、彼は門人を会して天泉橋に観月の宴を開き、席を碧霞池《へきかち》のほとりに設けた。天泉の名は晋の懐帝が御溝《ぎょこう》の水を引いて造らせ遊宴した洛陽《らくよう》の天泉池を偲《しの》ばせて、碧霞はここにおいて雲を望めば奔騰《ほんとう》縹渺《ひょうびょう》の観を得ると言われる泰山《たいざん》の峯《みね》を連想させる。門人侍遊する者百余人。盃が回るに従って歌声も起こり、投壺《とうこ》、すなわち矢を壺《つぼ》に投げ入れる勝負事などをする者、あるいはまた鼓を打つ者、舟を浮かべる者、それぞれが興に乗って大いに楽しんだ。陽明先生も月夜二首、（諸生と天泉橋に歌う）を賦しているのであります。

（一）

万里中秋　月正に晴る
四山雲靄《うんあい》　忽然《こつねん》生ず
須臾《しゅゆ》にして濁霧《だくむ》風に随《したが》って散じ
旧に依って青天此の月明らかなり
肯《あえ》て信ず良知原味《もとくら》からざるを
他より外物豈《あに》よく攪《みだ》さんや
老夫今夜狂歌発し

化して鈞天《きんてん》と作《な》って太清《たいせい》に満つ

（二）

処々中秋この月明らかなり
知らず何《いず》れの処《ところ》か亦た英を群《つど》う
憐《あわれ》む須《べ》し絶学千載《せんざい》を経たり
男児たるに負《そむ》いて一生を過ごす莫《な》かれ
影響尚お疑う朱仲晦《しゅちゅうかい》
支離作《な》るを羞《は》ず鄭康成《ていこうせい》
鏗然瑟《こうぜんしつ》を舍《お》く春風の裏《うち》
点也狂と雖も我が情を得たり

＊鈞天…鈞天楽のこと。天上の美妙な音楽。
＊太清…天空。
＊英…俊才。
＊朱仲晦…朱子、朱熹。
＊鄭康成…鄭玄。

山月が皎々《こうこう》と輝いているが、たちまち雲がかかる。それもしばし、また風のままに散じて、もと通り青天にこの月は明らかである。人間の良知というものもこの通りで、外物がどうすることもできないものなのだ。この真理の学が、どうしてか長い間世に伝わらなかった。男甲斐もなく一生を過ごしてはならない。知識のための知識に堕する朱子学的影響がまだ脱《ぬ》けきれず、鄭康成の煩瑣《はんさ》な雑学は羞《は》ずべきものである。せっかく諸友が抱負を語っている座に、独り超然と瑟《こと》をならし、師の問いに答えて悠々詠帰《えいき》をもってした曾点《そうてん》は、いかにも現実を無視した気儘《きまま》者（狂）のようだが、私の気分には合う――と歌うのであります。

しかし、そうは詠じながらも、陽明先生は翌日、弟子たちがお礼にきたとき、改めて、いささかの所見に自ら足れりとして、ついに狂にとどまってはならないことを懇々と諭すのであります。

嘉靖四（一五二五）年正月、夫人の諸氏が没《な》くなりました。彼は後妻に張氏を迎え、五年十二月に初めて男児を得た。五十四歳のことであります。年譜によれば、初め正聡《せいそう》（あるいは璁）と命名したが、黄綰の注意により、時の宰相の諱《いみな》を避けて、正億に改めたと言うのであります。

黄宗賢のことについては前にも述べましたが、彼も陽明先生と同じ浙江の台州・黄巌の生まれで、家はお互いに交際のあった間柄であったが、彼ら同士は別段深くは相知らなかった。宗賢は先生より五つ年下で、若くして同じように聖学に志し、程朱（程明道・程伊川と朱子）や陸象山の書を読んで、一人模索しておった。たまたま北京において、友人の儲柴墟《ちょさいきょ》が手紙をよこし、

「このごろ王君伯安（陽明先生のこと）のごときは趨向《すうこう》正しく、造詣《ぞうけい》深く、文字の学をもっぱらにするものではない。君はこれと交游《こうゆう》すれば、講学の益を受けること少なくあるまい」（黄宗賢撰『陽明先生行状』）

と勧めてくれた縁で、初めて相知り、相学ぶことになった。それから次第に心服を深めて、ついに四十六歳のときに、改めて弟子の礼をとり、その女《むすめ》を陽明先生の嗣《し》・正億の妻として厚く庇護《ひご》し、先生の死後、朝廷の権臣・桂萼《けいがく》が先生にかみついたとき、桂は彼の同僚として、むしろ「直友」（正直を旨とする友）として相ともにした仲であったが、上疏して、

「いま萼、臣の師を毀《そし》る。臣敢《あ》えて友に阿《おもね》って以て師に背《そむ》かず」

と言うて師のために弁じた。断乎として桂蕚の攻撃を退けておる。陽明先生の死の翌年には、早くも陽明の学は官学派から偽学と目され、爵位も剝奪《はくだつ》されたのである。朱子も晩年はほとんど当局および迎合の官学派からひどく弾圧されておる。そういう点は陽明先生と非常によく似ております。

宗賢はその性格と行動はあくまで真摯《しんし》かつ着実であり、因襲とか形式に堕《だ》して生命を失う学風を厭《いと》うと同時に、いたずらに高遠を誤って空理空論に馳《は》せ、現実を等閑にすることを戒め、その「平日・用功体践（実践躬行《きゅうこう》）の言」が晩年にその子の承徳によって編輯《へんしゅう》され『明道編』として刊行された。この書は一九五九年、すなわち日本の昭和三十四年に上海中華書局から『中国思想史資料叢刊』として印行されたが、その序に侯外廬《こうがいろ》氏は陽明先生の「大学問」を主観唯心主義哲学の綱要《こうよう》とし、この『明道編』を「王陽明・致良知説に対する叛逆書」として陳弁している。しかしその論ははなはだ事を好む矯激《きょうげき》の嫌いが強く、著しく着実穏当《おんとう》を欠いている。宗賢に読ませたら顰蹙《ひんしゅく》して措《お》くであろうと思われる。そもそも陽明の「大学問」を近代西洋哲学の「主観唯心主義哲学」という範疇《はんちゅう》に入れたり、致良知説に対する警省と言わずして、叛逆と称することからして、偏執イデオロギーの嫌いを免れんのであります。黄宗賢はこういう議論に走ることを陽明学派の中にも認めて、ねんごろにその恣意的・戯論《げろん》的偏向を戒めたのである。すでに山下龍二氏の『黄綰明道編について』の着実穏当な解明もあるので、私はこの問題を指摘することにとどめようと思います。

さて、嘉靖六（一五二七）年六月のことであります。先生はすでに五十六歳になっていたばかりでなく、重い病身にありましたが、政府は突然に都察院（百官の監察機関）左都御史《さとぎょし》（長官）を兼ねて両広、すなわち広東と広西の軍務を管して、広西の思恩《しおん》、田州《でんしゅう》地方の匪賊討伐を命じました。陽明先生にとっては耐えがたい苦痛であったばかりでなく、これは体よく彼を放逐し、あわよくば自滅させようとする謀略とも思われた。現に甘泉筆の『陽明先生墓誌銘』にも記され、陽明先生の手紙にも書かれている。その中に、陽明自らこう書いておる。

「数年来……痰嗽潮熱《たんそうちょうねつ》、日々益々尫羸《おうるい》、僅かに喘息を存す。復た人間の意なし。……将《まさ》に以てこれを斃《たお》さんとするなり」

と言います。たんや咳《せき》が出て、潮の干満のように熱が一定しない。すでに肺結核の症状にあったのでしょう。日々ますます体が弱って、僅かに喘《あえ》ぎ喘ぎ息をしている。生きた人間の気がしないと、卒読に忍びないものがあります。

彼はもちろんただちに、「重任《ちょうにん》を辞免し恩にて養病せんことを乞う疏《こそ》」を上奏した。その中にも、

「臣の病患久しく積もり、潮熱痰嗽、日に甚しく月に深し。一たび咳を発する毎《たび》に必ず頓絶《とんぜつ》（息が絶える）に至り、久しうして始めて漸《ようや》く甦《よみがえ》る」

とありのままを言い、そして、

「臣本《もと》書生（読書人）、軍旅に習わず。往歳江西の役、皆偶々《たまたま》機宜《きぎ》に会い、幸いにして事を成す……。徒《いたずら》に文墨議論（文筆や議論）を持し、未だ必ずしも能く実用を済《な》す者ならず」

と弁じておる。かつての江西の役はたまたま機宜に会ったのであって、何も自分が偉くて成功したのでなくて、たまたまうまくいった。これは自分の力ではなくて、僥倖《ぎょうこう》で成功したのであります、と非常に謙遜《けんそん》しておる。私は文章を書いたり、議論をしたり、決してそんな国家だの戦争だの匪賊の平定だのということ、仮にそれを実用というと、そういうものに役に立つわけじゃありませんと弁じ、なお人材を論じて、前年の江西の叛乱を鎮定した功労者でもある老練な姚鏌《ようばく》を推薦し、これに

続くに胡世寧・李承勛《りしょうくん》らを挙げている。胡世寧は宸濠謀叛のとき、まず敢然として蹶起《けっき》した人であり、先生とは郷試及第の同期生であった。黄宗賢も当時は朝廷の祭祀《さいし》儀典をつかさどる光禄寺小卿《しょうけい》（次官）の任にあって、陽明先生のために弁護し、むしろ閣僚に推薦したのであります。しかしもとより効果はなく、勅命によって出馬を余儀なくされた。そしてついに先生は、やむなくその八月、身辺を整理し、諸般の指図を遺《のこ》して、九月九日征途に発《た》ったのであります。

出発の前日、銭緒山と王竜渓が道友の張浮峰《ちょうふほう》（名は元冲《げんちゅう》、字は叔謙）を訪うて、舟中に師の教学の根本を論じ合った。張浮峰は陽明先生をして、

「吾が門は頭の好い者や議論の立つ者に乏しくはないが、真切篤実な点にかけては叔謙に加える者はない」

と評されており、官に就いても硬骨で、遠慮なく諫言《かんげん》した人であるから、二人とも推重《すいちょう》しておったのでありましょう。特に銭緒山とは善く、ぴったりと合っておった。緒山は陽明先生と郷里を同じうし、つとに先生の人物学問に傾倒して、郷党から軽々しいと思われる行動には出ず、次第に親の諒解《りょうかい》を得て、親族朋友を率い、礼を正しうして入門した。先生すでに五十歳、彼は二十六の若さであった。師の没

後『伝習録』を検討し補修して、今日それが刊行できたのも、その慎重な工夫によるものと推察されます。

王竜渓は、陽明先生が『大学』の要旨とする、

「善無く悪無きは心の体。善有り悪有るは意の動。善を知り悪を知る是《こ》れ良知。善をなし悪を去る是れ格物」

という四句訣《けつ》（四言教）は一般の人々のために説く方便であって、もし能く良知すなわち本体の無に徹すれば、意も知も物も善悪の対立を生ぜず、自然の流行であり、真である、「体用顕微只《ただ》是れ一機・心意知物只是れ一事」とした。

本体と作用、顕（あらわれる）と微（かくれる）、これはみな只一つの機（働き）である。心・意・知・物これみな只の一事であると解釈した。世にこれを「四無説」または「無善説」と称されているのであります。

これに対して銭緒山は、それは現実において危険な解釈である。心の本体は確かに無善無悪であるが、それが現実の意志活動となる場合、どうしても善悪を生ずる。その場合、何が善、何が悪かを知るのがすなわち良知であって、これによって善をなし悪を去るのが「格物」である。われわれはあくまでも現実に即して「格《ただ》し」て

いかなければならぬと力説した。まことに穏健着実な考え方である。これを「四有説」または「有善説」というのであります。

ここで「格物」について若干ふれてみましょう。朱子学ではこの格物の「格」の字を真理に「いたる」と読む。真実真理に到達するというふうに解釈するのですが、陽明学では、われわれの思索・認識というものを「ただす」と読むのが、常識であります。また格物の「物」については、古音では「法」と同じ音で、したがって「物」を「法」と解する新註《しんちゅう》がある。例えば王引之という学者は、「天・蒸民を生ず、物有れば則《のり》有り」（『詩経』大雅）の「物」を「法」と解釈し、「天・蒸民を生ず、法有り則有り」と訓《よ》んでいる。『礼記《らいき》』の緇《し》衣篇にも「言に物（法）有り、行《こう》に格有り」とあり、この場合も「物」は「法」であるとしている。この新註によれば「格物」は「格法」であり「法をただす」と解釈される。すなわち「四言教」の「善をなし悪を去る是れ格物」は「法則の究明」と解することができるのであります。

ところで、王竜渓は陽明先生が明日出発される、今夜一緒に参ってご教示を仰ごうではないかと言うて、夜分に客の帰り去った後、二人はあえて遠慮をせず師を訪うて庭に立ったのであります（年譜・『伝習録』巻下）。

　教えて倦《う》まぬ陽明先生は疲労も顧みず二人を引見して、席を天泉橋《てんせんきょう》上に移させ、改めて二人の論争を聴いた。そして熱心な二人の論争を喜んで、二君の見はまさに好く相資《あいし》して（お互いに資《と》り合うて）用をなし、各々一辺を我執してはいけない。利根の人（「鈍根」の人と比較して才知の鋭い利発な人）はただちに本源上より悟入して一切の矛盾を透過する。いわゆる公案を透過する。しかしその次の人々は習性になずむところがあるから、善をなし悪を去る功夫《くふう》が熱して、初めて本体が究明される。利根の人はめったに遇《あ》えるものでない。顔回、程明道のような人でもそうは自ら許すまい。まして軽々しく人に望むべきことではない。やっぱり「為善去悪」で、善をなし悪を去るという功夫が大事で、この功夫を用いずに本体を思索するということに偏すれば、一箇の虚寂すなわち観念的な無に堕するにすぎない。その病痛は少々ではないと諭したのであります（『伝習録』・年譜）。

　『証道記』のほうでは、竜渓の見解は自分も前から考えていた伝心の秘法であるが、普通の人々が聞いても信じられまい、また弊害も免れぬから、軽々しく人に示さぬがよいと王竜渓に教えたという。陽明先生は公正に説得しているが、二人はもとより肯定したものの、内心はもう一つ釈然としなかったのに相違ない。これは天分に基づく性向の相違であり、やむを得ぬことである。特にこういう本体（性）の問題に関しては、論に走るほど離れていく。本体というものは、言語・文字ではありませんから、言語・文字・論理に走るほど本体から離れる。陽明も、いまの性を論じる者はみな性を説くのであって、性を見る者ではないという見解をとっている。禅も儒も同じことでいわゆる見性ではなく、見説なんであります。性を見る者には異同の言うべきこともないと言っておるのであります。天泉橋の夜、師は二人の弟子に、

「汝中（王）は徳洪（銭）の工夫を用いねばならん。徳洪は汝中の本体に透らねばいかん。双々相俟《ま》ってゆけば、吾が学さらに思い残すことはない」

と懇諭したが、陽明学もその後に流伝するに従って、陽明先生の憂えたことが事実となってしまったのであります。先生没後その正伝の宗子と称される鄒東廓《すうとうかく》（名は守易、字は謙之、江西安福の人）は、陽明先生が常々「至善是れ心の本体」と言っておるのに従って、四言教についても「無善無悪は心の本体」とあるのを、「至善無悪は心の体」となし、無善の無を至に改めている（『明儒《みんじゅ》学案』第十六）。無善ということの流弊を慮《おもんぱか》っての細心の用意に出ずるものということができます。

さて九月九日、陽明先生は越城（紹興）を出発し、銭塘江《せんとうこう》を渡って、二十二日に釣台《ちょうだい》（浙江省・富春山の釣台）に着いた。すでに八年の昔の正徳十四（一五一九）年、寧王以下の俘虜《ふりょ》を護送して過ぎた思い出の地である。感慨無量、詩を書いて弟子の桐廬《とうろ》の尹《いん》（長官）沈元材《しんげんざい》に渡し、亭壁に刻させることにしたのであります。

憶《おも》う昔　釣台を過ぐ
駆馳《くち》正に軍旅
十年今始めて来る
復《ま》た兵戈《へいか》の起こる以てす
空山煙霧深し
往迹《おうせき》夢裏の如《ごと》し
微雨林径滑り
肺病双足胝《ち》す
仰いで瞻《み》る台上の雲
俯《ふ》して濯《あら》う台下の水

人生何ぞ碌々《ろくろく》たる
高尚当《まさ》に此《かく》の如くなるべし
瘡痍《そうい》同胞を念《おも》う
至れる人は已れの為にせず
門を過ぐるも入るに遑《いとま》あらず
憂労豈《あ》に已むを得んや
滔々《とうとう》良《まこと》に自ら傷《いた》む
果《か》なる哉《かな》　難しとする末《な》し

＊駆馳…馬を馳《は》せる。
＊軍旅…戦争、いくさ。
＊兵戈…ほこ、戦争。
＊空山…人のいない山。
＊林径…林間の小道。
＊胝…ひびわれ。
＊碌々…小さな石の形容。つまらぬ、無用。

＊此の…渓山の。
＊門を過ぐるも…昔の聖王・禹《う》は、わが家の門を過ぎても、立ち寄る暇もなく奔走した。
＊滔々…道の衰えたさま。「滔々たる者、天下みな是なり」（『論語』微子篇）。

陽明先生の乗る舟が南昌に近い南甫《なんぽ》に着いたとき、彼が寧王の叛乱を鎮定して、その地の人々の苦難を救った偉大な功績や恩徳を忘れない民衆は、四方より来集して街道を埋め、彼が舟を下り輿《こし》に乗ると、殺到した群衆はその輿を擁して官庁に送った。翌日孔子廟に詣で、講堂で『大学』を講じたが、聴講する者が堂にあふれた。南昌の唐尭臣《ぎょうしん》のごとき、容易に人に聴従せぬ人物であったが、このとき、傍聴して「三代（古代の聖王・尭舜禹）の後、安《いず》くんぞこの気象あるを得んや」と、これだけの優れた気象の人というものはなかったであろうと驚嘆しておる。かつて叛賊鎮定のために蹶起した吉安に着いたときも、門人、故旧数百が集まり、出征はそのまま講学であった。しかしその間も陽明先生は匪賊に関する正確な情報を聴取し、慎重に対策を練ったのであります。

元来この度の叛乱は、嘉靖四年、広西の土官、つまり辺地に住む少数民族の統治に当たる現地人の世襲官の岑猛《しんもう》が叛乱を起こしたとき、右都御史《ゆうとぎょし》の姚鏌が八万の軍兵を動員して討伐し、猛父子を捕らえて斬罪《ざんざい》に処したが、その後の処置がよろしきを得なかったことにも大きな原因があった。昔から広西・四川《しせん》・雲南《うんなん》などの地方には苗族をはじめ多くの原住民が住んでおり、政府はそれらの地域を調査して、土府・州・県を置き、それら原住民の族長を立てて土官とした。土官はたいてい世襲であった。これに対して政府の任命する者を流官と言うたのであります。両広地方には官軍の鎮台が置かれていたが、中央より遠く離れて統制も弛《ゆる》み、将兵の軍紀は乱れ、実際は土官・土兵の力に俟たなければならなかったのであります。彼らはもとより粗野な原住民でありますから、目にあまる振る舞いも多い。官軍のほうの彼らに対する統率や待遇が公平を得れば良いが、官軍のほうは土官に任せっぱなしで、一向に恩賞なども顧みられない。当然ながら不平不満が絶えないわけで、しばしば暴動が起こる。それに手を焼いた政府当局は、土官・土兵のほかに新たに流官という制度を置いて民兵を置いた。これが至る所土官・土兵との軋轢紛擾《あつれきふんじょう》を生じ、このたびの広西・田州・思恩の叛乱も岑猛の残党である盧蘇《ろそ》・王受《おうじゅ》らが蹶起して「岑猛いまだ死せず、隣境交趾《こうち》（ベトナム）の援軍二十万が到来する」と宣伝して、各地の守備兵を破り気勢を挙げたもので、陽明先生の「抜本塞源《そくげん》」（本を抜き源をふさぐ）の卓識は徹底的にこれらの状況や施策を明らかにした。彼の奏疏《そうそ》を読むたびに感嘆を深くする。実に条理整然として実に識見の透徹した名文が多いのであります。

十一月十八日、先生は広東の肇慶《ちょうけい》を過ぎ、二十日に広西の境である梧州《ごしゅう》に着いて幕府（総督の本営）を設置しました。二十六日にはさらに西に進んで南寧に着き、徴集されていた数万の守備兵の解散を断行して、叛徒《はんと》の勧降（降伏勧告）招撫《しょうぶ》（招き安んずる）の令を下した。叛徒側もかねて陽明先生の令名を聞いており、内々この偉人による救済を渇望しておったので、守備兵解散の断行などによって確信を抱き、蘇・受らの首領は意を決して翌七年正月七日、陽明先生に正式使者を派遣して降伏を申し入れ、一死を宥免《ゆうめん》されんことを嘆願した。先生はこれを諒解《りょうかい》して、「方今聖上、至孝の仁を推して以て黎元《たみ》を子（のごとく）愛し、惟《た》だ一物もその所を得ざるを恐れ、一夫の獄と雖も、尚お或いは虧《か》くあらんことを恐れ、親臨断決したもうほどである。まして爾《なんじ》ら数万の命をばどうして軽々しく扱われようか。自分が赴任して来たのも、問題をなるべく平和に解決するためで、刑戮《けいりく》を加える意はない。汝らも安んじて投降し、部下もただちに解散して、その業に復せしめよ」

と懇切な回答を与えたのであります。

彼らは「羅拝踴躍《らはいゆうやく》」、連なって拝み、踊りあがって歓《よろこ》んで、「歓声雷動」して二十六日には南寧城下に投降しました。陽明先生は彼らに改めて朝廷の特旨を伝え、代表の蘇・受両名を一百の杖刑《じょうけい》に処する宣告を行い、一同を宥免した。彼らは感泣歓呼して、再生の恩に報いんことを誓った。こういうことは、陽明先生にして初めてできた奇蹟《きせき》的成功と言うべきものであります。

その春四月、彼は思・田両地に学校を建て、六月に南寧に敷文《ふぶん》書院を設けるなど、教化に意をそそぎ、民情の安定を見計らって、七日には決然、また新たな行動に出た。それは、かねてより天険によって凶暴をほしいままにしておった八塞《はっさい》・断藤《だんとう》峡《きょう》の匪賊に対する奇襲攻撃で、感激帰順した盧蘇・王受らがこのとき献身的に協力奮闘して、掃蕩戦は一挙に奏功した。実に戦略戦術の妙を発揮したものであります。この勝報に接して皇帝は嘉賞《かしょう》の御筆《ぎょひつ》（宸筆《しんぴつ》・親筆の）詔書を賜わろうとしたが、またしても君側の奸臣は生きて帰還するまいと思った陽明先生の意外な奏功に業を煮やして、しきりに悪宣伝を行い、恩賞も沙汰止《さたや》みとなった。史書はもちろん明史《みんし》でありますが、これより明の世を終わるまで約百年、中国に賊はなかったと書いております。大変な業績、功績でありました。先の宸濠の乱についても、陽明先生がなかったらどうなったかわからぬということを、公正に明史の本伝は書いておる。これが彼の最後の内乱鎮定の功績であります。

「此の心光明亦復た何をか言わん」

かくして先生は十月十日、「医に就いて病を養わんことを乞う」と上疏して、南寧より舟に乗った。烏蛮灘《うばんたん》を過ぎたとき、舟人が指して教えてくれたのは、伏波廟であった。それこそ彼が少年時代に夢に謁した後漢の伏波将軍・馬援の廟でありました。馬援は交趾安南をも平定した名将で、常々「丈夫志を立つ、窮しては当に益々堅かるべし。老いては当に益々壮《さかん》なるべし」と語り、また「男子は辺野《へんや》に死したいものだ」と言うた人物です。先生は年少、この馬援に憧《あこが》れて夢にその廟に詣ったが、奇《く》しくも馬援同様の運命を実現し、計らずも目の当たりその廟を拝するのであるから、実に不思議なことである。前にも述べたように、陽明先生にはこういう霊験が少なくない。「夢中絶句」と「謁伏波廟」詩二首はよくその感懐を表しております。

夢中絶句

甲を巻いて帰来す馬伏波
早年の兵法鬢毛皤《ひんもうしろ》し
雲は銅柱を埋めて雷轟析《らいごうせき》するも
六字の題詩尚お磨せず

＊甲を巻いて…戦いをやめて。
＊銅柱…馬援は二つの銅柱を建てて西屠国との国境としたという。
＊雷轟析するも…雷が銅柱を打ち砕いても。

伏波廟に謁す。二首

四十年前　夢裏の詩
この行天定　豈《あ》に人為ならんや
徂征《そせい》　敢《あ》えて倚《よ》る風雲の陣
過ぐる所　須《すべか》らく同じかるべし時雨の師
尚お喜ぶ遠人の向望《こうぼう》を知るを
却《かえ》って慚《は》ず瘡痍《そうい》を救うに術なきを
従来勝算　廊廟に帰す
説くを恥ず　兵戈《へいか》　四夷《しい》を定むと

＊徂征…行く。
＊時雨の師…季節に応じて降る雨のように恵みをもたらす軍隊。
＊尚お喜ぶ…民衆が王師になつくのを喜ぶ。
＊廊廟…朝廷。
＊四夷…四方の異民族。

楼船金鼓烏蛮に宿す
魚麗（魚が並ぶような陣形）群舟夜灘《たん》に上る
月は旌旗《せいき》を遶《めぐ》り千幛《せんしょう》静かなり
風は鈴柝《れいたく》（鈴と拍子木）を伝えて九渓寒し
荒夷（辺境の異民族）未だ必ずしも先声に服せず
神武由来殺さざること難し
想見す虞廷《ぐてい》（舜の朝廷）の新気象
両堦の千羽五雲（五色の祥雲）の端

＊金鼓――鼓で兵を進ませ、金で兵を止まらせる。
＊烏蛮――種族の名だが、ここでは烏蛮灘（前詩）の略。
＊先声――交戦に先立ち宣伝によって威嚇すること。「先声後実」（『史記』）。
＊千羽――盾とキジの羽。舞楽に用いる。

先生は増城に立ち寄り、ここで苗族の乱に斃れた広東参議であり先生の六世の祖であった王綱の廟に詣って奉祀を行い、奇縁にもこの地に在った湛甘泉の生家を訪ない、韶州《しょうしゅう》に向かった。しかし、このころから先生の病状は次第に悪化し、下痢が止まず、起居も自由にならなくなった。それでも彼は輿を命じて大庾嶺《だいゆれい》の梅嶺関《ばいれいかん》を越え、南安に着いて船に乗った。十一月二十五日、同地の役人をしておった門人の周積が船中に師を見舞ったとき、先生は起き直って激しく咳入りながら、「近来進学如何《いかん》」と問うた。このごろ学問はどんなに進歩したかと問うたというのです。周は教化の実績を報じ、眉をひそめて師の容態を伺うと、先生は静かに「今度はとうてい助かるまい。ただ元気でもっている」と答えた。周はとりあえず医者を迎えて薬を勧めた。

十一月二十八日、船は青竜舗《せいりょうほ》に泊まった。翌日、周が招かれて枕辺に侍したとき、先生はおもむろに眼を開いて、

「吾去る」

と言うたのであります。周は泣きながら、

「何かご遺言は」

と尋ねると、密かに唇辺に笑みを浮かべながら、

「此の心光明亦復《またま》た何をか言わん」

と呟《つぶや》いて静かに永眠しました。嘉靖七（一五二八）年戊子《ぼし》十一月二十九日辰《たつ》の刻（朝八時ごろ）、享年五十有七。黄宗賢が書いた『陽明先生行状』には、臨終に家童が、

「何かうけたまわることはございませんか」

と問うたら、先生は、

「他に念《おも》うことはない。平生の学問はどうやらいくらかできてきたが、まだ吾が同人とともに大成することのできないことは残念なだけだ」

と言って亡くなったとあります。

陽明先生の輿が大庾嶺を越えたとき、江西の参政であった王大用は先生の死が迫っていることを察して、密かにりっぱな棺材《かんざい》を用意して随行した。贛州《かんしゅう》の軍職にあった門人の張思聡はこれを用いて棺を造らせ、十二月三日、入棺式を行い柩《ひつぎ》は船に乗った。沿道の市民は慟哭《どうこく》して迎送し、船は南昌に着いた。このころ、銭緒山・王竜渓らは、殿試（進士の最後の面接試験）に応ずるため北上の途中であったが、訃報を聞いて驚愕《きょうがく》し、急遽《きゅうきょ》引き返して広信府にいたり、正月三日、改めて各地の

同門に報じた。同日、子の正億も到着、遺骸《いがい》は子弟門人に擁されて故郷の越に帰り、二月四日、柩は家の中堂に据え置かれた。連日来たり弔する者、留まって侍する者も、在りし日に異ならず、この年十一月、遺骸は越城を去る三十里、蘭亭《らんてい》を入る五里、生前陽明先生自ら選んだ洪渓《こうけい》の墳墓に葬られたのであります。

朝廷では例の桂萼が、勅許を待たずに陽明先生が勝手にその職を離れたことを讒《ざん》奏《そう》して廷議にかけ、

「彼は事、古《いにしえ》を師とせず、言、師に称《かな》わず、異を立て以て高しとなさんと欲しては則ち朱熹・格物致知の論を非《そし》り、衆議の与《くみ》せざるを知っては則ち〝朱子晩年定論の書〟を為《つく》り、門徒を号召して互いに相唱和し、才の美なる者はその任意（気まま）を楽しみ、或いは清談（世間を超脱した無用の話）に流れ、庸鄙《ようひ》なる者はその虚声を借り、縦遂《しょうつい》に肆《し》に至る（ほしいまま、でたらめにいたる）。伝習転訛《てんか》（伝え・習いが悪いほうに転じる）、背謬《はいびゅう》日甚だし。但奮賊《ほん》（奮は車の覆い、とま）。ここでは中国の西南地方の少数民族・猺族のこと）を討捕し、叛藩を禽獲《きんかく》す。事に拠《よ》り、功を論ずれば誠に録するに足るあり。陛下御極《ぎょきょく》（即位）の初《はじめ》、伯爵を即拝す。宜しく進奪を免して以て大信を章《あらわ》し、邪説を禁じて以て人心を正しうせらるべし」

と弾劾した。どうも理屈というものはどうでも付けようと思えば付けられるものであります。とんでもない弾劾文を作って、そのために、詔下って爵位の世襲を停止し、一切追賞は行われず、偽学の厳禁（陽明学を偽学となす厳しい禁令）が行われた。理屈というものは、意図次第でどうでもつけられるものであります。

門人・黄宗賢はただちに上奏して反論したが、もとより顧みられなかった。しかし、門人有志は利害得失を顧みず、至る所師を祀《まつ》り遺教を講じ、祠堂《しどう》の建つこと数百に達した。そして、次代穆宗《ぼくそう》の隆慶《りゅうけい》元（一五六七）年には、新建侯を追贈、文成と諡《おくりな》され、嗣子に伯爵世襲も許され、神宗《しんそう》の万暦《ばんれき》十二（一五八四）年には陳白沙、胡敬斎《こけいさい》とともに孔子廟に従祀せられ、陽明先生を祀る書院は七十を超えたのであります。

最後に陽明学の流伝と日本の陽明学に関する簡単な結びを解説しておきます。再三にわたって述べたように浙江は陽明先生の故郷であり、その妹婿でかつまた（王門の）「顔回」とも称された徐愛（徐横山《おうざん》）も余姚の出で、それから銭緒山は奇しくも先生が生まれた余姚の瑞雲楼に生まれた人であり、同門の長老・黄宗賢の家は王家と懇親な間柄、王竜渓も張浮峰も季《き》彭山《ほうざん》も皆同じく会稽《かいけい》（紹興）の人でありました。

そんな関係もあるうえ、最も若手の緒山・竜渓が講学周遊に専従したので、浙江には陽明先生の遺教が一番広く普及し、ついで、陽明先生が兵馬の間に学を講じて、偉大な感化を残した江西に、鄒東廓《すうとうかく》、欧陽南野《なんや》、羅念菴《らねんあん》、鄒元標《すうげんひょう》、聶豹《じょうひょう》らが大いに学を広め、四方に流伝して、いわゆる朱子学を圧倒するにいたったのであります。

しかしながら、流行というものは、それだけ民衆化するわけです。そうなると、ちょうど心理学で言う群衆心理と同じことで、どうしても堕落する。流行は何によらず軽薄となり、ともすれば本筋を離れた異端に走る。そこに流行の危険性があり、とんだ間違い、誤りを生ずる。そういう意味で、流行は原則として非常に慎むべきことであります。そこで真実を愛する人、あるいは正しい識見を持った人、ゆかしい情操を持った人というような人々は、総じて流行を嫌う。あるいは流行を慎む。何でも流行すると、流行の弊害を防いで真実を維持するということは難しくなります。

だから、本当に思慮深い人、あるいは奥ゆかしい心境を持った人、そういう祖師ともいうべき人は、多く俗衆を避けて隠棲《いんせい》したり、あるいは規約を厳粛にしてこの堕落を防ぐことに厳しくするのであります。

陽明学などもやはり、その後は王心斎、王竜渓というような流派が生じ、当時、禅もまた達磨《だるま》以来の祖師禅が、その正伝を失って奇矯や放蕩《ほうとう》に趨《はし》り、禅と陽明学が相い混じってしまい、冷静な知識人とか教養人の非難を被ることになってしまったのです。

「陽明学」の日本への流伝

さて、陽明学の日本への流伝は徳川家康の初政に始まります。当時の儒宗・藤原惺窩《せいか》・林羅山はいずれも陽明学を排斥したと一般に伝えられているが、これは誤りであります。羅山はたしかに排斥したが、惺窩は公正な見解をもって陽明学とその末流の弊とをはっきり識別しておりました。そして、

「周子の主静、程子の持敬、朱子の窮理、陸子の易簡、白沙の静円、陽明の良知、いずれも示すところ同じからずして、入るところは一なり」

として、朱・陸の異を立てることを戒めた。羅山は惺窩に師事することを変えな

かったが、この点は従わなかった。学者の中には、惺窩が陸象山を朱晦庵と並べて敬重したが、王陽明には反対した、「陽明出でて后《のち》皇明《こうみん》之《の》学《がく》大いに乱る」と言うておると指摘する者がある。これは明らかに誤解で、引用された語は羅山が惺窩の教えを受けた答問を自記した「惺窩問答」の中にあるが、この一節のみによらず、全文を見れば、意味はまったく違うのであります。

「先生曰く、陽明出でてのち皇明の学大いに乱る。必ず又畏《おそ》るべきの君子出ずるありて之を一にせんと。惺窩批して曰く、陽明を以て乱を為すに非《あら》ず。天下の学者を以て乱を為す」とあり、明らかに惺窩は陽明が学を乱したと言ったのではなくて、天下の学者が乱したと言っているのであります。その他、むしろ陽明の説に同調していることがその「惺窩問答」の中に明瞭である。こういうふうにまったく違ってくる。原典を正してみないといけません。

　惺窩が最も望みを嘱した者は松永尺五《せきご》でありました。名は遐年《かねん》、字は昌三、尺五は号であります。十五歳で豊臣秀頼に『論語』を講じた夙成《しゅくせい》（早熟）の人であった。京都所司代の板倉勝重《かつしげ》父子・兄弟らが傾倒して弟子入りしておる。京の堀川に講習堂を建て、石川丈山が慶賀の詩を贈っている。この講習堂が京都御所に近い所にあったので尺五と号したという説もあります。いずれにしても、偉大な教育家で、学派に拘泥する人ではなかった。陽明学も自由にやった人であります。

その門より出た本当の直伝というか、あるいは跡取りが名高い木下順庵。木下順庵も一世の敬慕を受け「桃李《とうり》門に満つ」と評された碩学《せきがく》明師であるが、彼は晩年『王陽明全集』を傍らに置き、暇あればこれを耽読《たんどく》した。人材も実によく集まった。貝原益軒であるとか荻生徂徠《おぎゅうそらい》であるとか、あるいは服部南郭、安東省庵《せいあん》であるとか、当時第一流の人はみな順庵先生の教えを受けておる。松永尺五、木下順庵、これは中国にもっていっても、堂々と自慢のできる大人、碩学であります。水戸光圀《みつくに》が師事した朱舜水が陽明学を敬重したこともまた学者に大いなる影響があった。その後、中江藤樹、熊沢蕃山《ばんざん》、三輪執斎《しっさい》、山田方谷《ほうこく》、春日潜庵《せんあん》、河井蒼竜窟《そうりゅうくつ》（継之助）、いずれも篤実、正学の師で、経世済民の大家ならぬ者はない。独り中斎・大塩平八郎は、その暴動の故をもって危険人物と評され、陽明学即反逆的危険思想とする俗伝が未だに行われているが、笑止なことである。大塩が激しい気性の人であったことは事実である。本当に気骨稜々として、非常に厳しい性格の人でありました。寒中には障子も何も開けっ放しにして、そこで平然として書を講じた。聴講をしている学生たちは、皆ぶるぶる震えているけれども、先生は顔色一つ変じなかったというから、よほど気迫も盛んです。それから、酒もいくらでも飲んだという人で、一升や二升飲んでも自若として変わりがなかったというから、よほど英邁《えいまい》な人であったことは事実である。これは大阪市の言わば、警視庁の部長さんみたいな、あるいはそのころは警察と裁判が一緒ですから、判事、検事、警官三つの部門の部長でありました。そして、大阪の市民というものを本当に愛して、大阪市政の目付役であった。彼を敬重した奉行の矢部駿河守定謙《するがのかみさだかね》と食事の際、市政の頽廃《たいはい》と腐敗を痛論して、無意識のうちに金頭《かながしら》を嚙み砕いたという逸話があるくらい気象の激しい人ではあったが、本人自身は、実にこれは堂々たる君子人でありました。そんな暴徒のボスとはまるで違うのであります。

それが天保の大飢饉に、京洛《けいらく》の民だけでも三十万のうち、五万六千が餓死したといわれる非常の危機に、身を挺《てい》してその救済に肝胆を砕いた彼を、感激の反対に憎悪して、愚劣きわまる妨害のかぎりを尽くした奉行・跡部山城守についに堪忍袋の緒を切った彼が、民衆に訴えて奉行誅戮《ちゅうりく》に決起したのであって、元来は何の野心もない廉直の士であります。この異例をもって陽明学を反体制の危険行動理論のように考えるのは問題とするに足りない。もし、偉大なる思想はすべて危険であると言うならば、陽明先生の先に詠んだ「啾々吟」が一番良い回答であります。

あとがき

安岡正篤先生が、東京帝国大学の卒業を記念して出版された『王陽明研究』（大正十一年・一九二四年）は、先生の思想家としての声望を、早くも二十歳代にして確立した出世作であり、主著の一つである。

「およそ人間の創造し得べき最も荘厳な人格」王陽明の手引書、「陽明研究の入門書にもしたくて、これを著した」とされる『王陽明研究』は、当時、名著として一世を風靡《ふうび》したばかりでなく、九十余年を経た今日においても、古典的名著としての輝きを失っていない。

本書が、具眼の識者の高い評価をかちえたゆえんは、第一に、「東洋精神論」の章に概括した東洋の二大思潮（真及び善）の流れの総括とそこに位置づけられた陽明研究の意義、いわば思想史的展望の見事さにあった。

第二に、本論に当たる「陽明の生涯とその人格」「陽明の学説」両章を通して、「かかる人格の創造的白熱に燃ゆる力強い思想が凝ってその学となっている」状況が、西欧の哲学・社会科学にも通暁している安岡先生の概念と論理によって明白・詳細に説き明かされ、陽明学が、現代の活学として再生されたことにあった。以来、安岡正篤先生は、「陽明学者」「王陽明研究の泰斗」として世に知られることになるのである。

時は流れて昭和四十六年、王陽明生誕五百年を記念して、宇野哲人・安岡正篤両碩学の監修の下、『陽明学大系』全十二巻が刊行されることになるが、その第一巻に、安岡先生自身もまた「王陽明伝——王陽明の生涯と教学——」に健筆をふるわれたのである。

先の敗戦と被占領期を含む激動・激変の歳月を隔てて、少壮気鋭の時代の『王陽明研究』と老成円熟の境地の「王陽明伝——王陽明の生涯と教学——」とを、対比熟読する妙味は、得も言われぬところである。

このたび致知出版社から刊行される『王陽明　その人と思想』は、この旧・新両名著を下敷きにしつつ、特に後者の所論に沿って、老成円熟の安岡正篤先生が、聴く者を魅了してやまない余談や具体例を交えて、わかりやすく講じられた講演の筆録である。

先述の王陽明生誕五百年記念大会における記念講演、同年三月の先哲講座、及び四十九年一月から十二月に至る全国師友協会の照心講座での連続講話において、安岡正篤先生が、活きいきと平明に、説き去り説き来たったところは、前述の二名著が難解で知られているだけに、平明な活学の書として第三の名著といえるであろう。「物で栄えて心で亡ぶ」といわれる物質文明と人間疎外の現代において、自己に内在する「良知」を窮める「致良知」と「知行合一」の実践哲学を説き、「天地万物一体の仁」と「抜本寒源論」の叡知を教える陽明学こそ、まさに、自己を確立し、人間性を回復する警醒《けいせい》の活学となるであろう。

深く豊かな内容を平明に説き明かした安岡正篤先生陽明学第三の名著を復刊する致知出版社の志高い出版事業を称え、多くの心ある人びとに熟読玩味いただけることをよろこぶところである。

公益財団法人　郷学研修所　安岡正篤記念館
副理事長・所長

荒井　桂

〈著者紹介〉

安岡正篤（やすおか・まさひろ）

明治31年大阪市生まれ。大正11年東京帝国大学法学部政治学科卒業。昭和2年（財）金雞学院、6年日本農士学校を設立、東洋思想の研究と後進の育成に努める。戦後、24年師友会を設立、政財界のリーダーの啓発・教化に努め、その精神的支柱となる。その教えは人物学を中心として、今日なお日本の進むべき方向を示している。58年12月逝去。著書に『いかに生くべきか——東洋倫理概論』『日本精神の研究』『王道の研究——東洋政治哲学』『人生、道を求め悳を愛する生き方——日本精神通義』『経世瑣言』ほか。講義・講演録に『人物を修める』『易と人生哲学』『佐藤一斎「重職心得箇条」を読む』『青年の大成』などがある（いずれも致知出版社）。

王陽明《おうようめい》　その人と思想

平成二十八年五月二十五日第一刷発行

著者　安岡　正篤

発行者　藤尾　秀昭

発行所　致知出版社

〒150-0001東京都渋谷区神宮前四の二十四の九

TEL（〇三）三七九六—二一一一

印刷・製本　中央精版印刷

落丁・乱丁はお取替え致します。　（検印廃止）

ISBN978-4-8009-1112-4 C0095

ホームページ　http://www.chichi.co.jp

Eメール　books@chichi.co.jp

安岡正篤シリーズ

いかに生くべきか―東洋倫理概論―
安岡正篤 著

若き日、壮んなる時、老いの日々。それぞれの人生をいかに生きるべきかを追求。安岡教学の骨格をなす一冊。

定価／税別 2,600円

日本精神の研究
安岡正篤 著

安岡正篤版『代表的日本人』ともいえる一冊。本書は日本精神の神髄に触れ得た魂の記録と呼べる安岡人物論の粋を集めた著作。

定価／税別 2,600円

王道の研究―東洋政治哲学―
安岡正篤 著

真の国士を養う一助にと、東洋政治哲学を究明し、王道の原理を明らかにした渾身の一書。

定価／税別 2,600円

人生、道を求め徳を愛する生き方―日本精神通義―
安岡正篤 著

かつて日本人が持っていた美質を取り戻すために、神道や仏教などの日本精神の源流とその真髄を学ぶ。

定価／税別 2,000円

経《けい》世《せい》瑣《さ》言《げん》総論
安岡正篤 著

人間形成についての思索がつまった本書には、心読に値する言葉が溢れる。安岡教学の不朽の名著。

定価／税別 2,300円

人物を修める―東洋思想十講―
安岡正篤 著

仏教、儒教、神道といった東洋思想の深遠な哲学を見事なまでに再現。安岡人間学の真髄がふんだんに盛り込まれた一冊。

定価／税別 1,500円

青年の大成―青年は是《かく》の如《ごと》く―
安岡正篤 著

さまざまな人物像を豊富に引用して具体的に論説。碩学・安岡師が青年のために丁寧に綴る人生の大則。

定価／税別 1,200円

易と人生哲学
安岡正篤 著

『易経』を分かりやすく解説することで、通俗的運命論を排し、自主的、積極的、創造的に人生を生きるための指針を示す。

定価／税別 1,500円

安岡正篤活学一日一言
安岡正泰 監修

『安岡正篤一日一言』待望の姉妹篇。己を修めるのみならず、修めた己を以って社会に尽くしていこうという思いをも喚起させられる一書。

定価／税別 1,143円

安岡正篤数学一日一言
安岡正篤 著、荒井桂 編

累計十六万部突破のベストセラー『安岡正篤一日一言』『安岡正篤活学一日一言』に続く第三弾。数ある作品の中でも特に格調の高い書物から安岡教学の真髄に迫る366の教えを収録。

定価／税別 1,200円